Study on environmental rule
of law in China

中国环境法治研究

刘晓梅 著

天津出版传媒集团

天津人民出版社

图书在版编目（CIP）数据

中国环境法治研究 / 刘晓梅著. –– 天津 : 天津人
民出版社, 2023.11
ISBN 978–7–201–19973–3

Ⅰ.①中… Ⅱ.①刘… Ⅲ.①环境保护法—研究—中
国 Ⅳ.①D922.680.4

中国国家版本馆 CIP 数据核字(2023)第 243279 号

中国环境法治研究

ZHONGGUO HUANJING FAZHI YANJIU

出　　版	天津人民出版社	
出 版 人	刘　庆	
地　　址	天津市和平区西康路35号康岳大厦	
邮政编码	300051	
邮购电话	（022）23332469	
电子信箱	reader@tjrmcbs.com	
责任编辑	郑　玥	
特约编辑	郭雨莹	
装帧设计	汤　磊	
插图设计	邓怡菲	
印　　刷	天津新华印务有限公司	
经　　销	新华书店	
开　　本	710毫米×1000毫米 1/16	
印　　张	14.5	
插　　页	2	
字　　数	200千字	
版次印次	2023年11月第1版　2023年11月第1次印刷	
定　　价	78.00元	

目　录

序 言

　　近年来,随着我国经济的发展,环境危机的加重,人与自然关系认识的加深,环境法治在不断完善中回归其价值目标。党的十八大以来,人与自然和谐共生被提升到国家战略的高度,习近平总书记在党的十九大报告中提出,我们要建设的现代化是人与自然和谐共生的现代化,并在二十大报告中明确,中国式现代化是人与自然和谐共生的现代化,进一步强调了人与自然和谐共生的重要地位。

　　习近平总书记在十九届中央政治局第二十九次集体学习时强调,努力建设人与自然和谐共生的现代化,要提高生态环境领域国家治理体系和治理能力现代化水平。我国独具特色的环保督察开展以来,取得了良好的社会效果。近日,生态环境部发布通知,第三轮第一批中央生态环境保护督察全面启动。我国生态环保督察工作法治化是贯彻落实习近平生态文明思想的重要举措,也是我国生态环保督察制度的新实践,值得深入研究。

　　2015年,中共中央、国务院发布《关于加快推进生态文明建设的意见》,要求加快建立系统完整的生态文明制度体系;同年,新修订的环境保护法实施,《环境保护督察方案(试行)》随之发布,该方案明确建立环保督察制度,将环保督查升级为环保督察。在此背景下，2015 年，中央环保督察开始试点。2016 年，第一轮中央环保督察正式启动。2018 年，环保督察升级为生态环保督察。2019 年，中办、国办联合印发《中央生态环境保护督察工作规定》；同年，第二轮中央生态环保督察全面启动。2021 年，《生态环境保护专项督察办法》印发实施，标志着我国生态环保督察制度进一步完善。2022 年，中办、国办印发《中央生态环境保护督察整改工作办法》；同年，生态环境部等 18 部委联合印发《关于推动职能部门做好生态环境保护工作的意见》。2023 年 10 月，"中央生态环境保护督察办公室"更名为"中央生态环境保护督察协调局"。经党中央、国务院批准，第三轮第一批 5 个中央生态环境保护督察组于 2023 年 11 月 21 日至 22 日陆续进驻福建、河南、海南、甘肃、青海 5 个省开展督察。

中央生态环保督察制度以条破块，通过自上而下的压力打破地方政府环境治理困境，促使地方党委政府真正重视生态环境工作，有效促进促成跨地方、跨部门形成联动治理格局。特别是通过执行严格的生态环保督察制度和责任追究制度，进一步压实生态环境保护"党政同责""一岗双责"政治责任，确保生态环保督察在督企、督政、督党三方面协同，让督察制度成为刚性约束和不可触碰的高压线。本人作为环保督察工作的亲历参与者，为我国生态文明建设和环境保护取得的显著成效点赞。

虽然中央生态环保督察法治化在实践中取得了一定的成效，法律层面已从政府内部文件到公开性的党内法规转变，中央环保督察主体更加具有法定性、权威性，督察对象范围扩大、督察内容不断丰富、督察程序逐渐完善，中央环保督察工作向纵深发展；但中央环保督察还面临着缺乏更高位阶的法律、督察程序存在缺陷、中央环保督察行为缺乏有效监督、问责机制不够完善的问题，这使得中央环保督察仍在弱法治化运行。这需要坚持党内法规和国家法律一体两翼共同推进,即制定专门性的行政法规《中央环境保护督察条例》和完善中央环保督察领域的党内法规体系;不断规范、完善中央环保督察的运行程序;健全中央环保督察同体监督和异体监督机制;明确问责的法律依据,细化问责的相关规定等。在条件成熟时,建议《环境保护法》中增加环保督察的相关条款,以确保中央环保督察在法治的轨道上运行。

一、顶层设计助力生态文明建设

党的十八大首次把"美丽中国"作为生态文明建设的宏伟目标,把生态文明建设摆上了中国特色社会主义"五位一体"总体布局的战略高度。党的十八大以来,以习近平同志为核心的党中央提出了一系列生态文明建设新理念、新思想和新战略。习近平总书记多次指出,"生态就是资源,生态就是生产力";"既要金山银山,又要绿水青山";"绿水青山就是金山银山";"绝不能以牺牲生态环境为代价换取经济的一时发展";"要把生态环境保护放在更加突出位置,像保护眼睛一样保护生态环境,像对待生命一样对待生态环境";"良好生态环境是最公平的公共产品,是最普惠的民生福祉";"小康全面不全面,生态环境质量是关键"……

2015 年,党中央、国务院印发了《关于加快推进生态文明建设的意见》和《生态文明体制改革总体方案》,两份文件构成了我国生态文明建设顶层设计的姊妹篇,提出了生态文明建设和生态文明体制改革的总体要求、目标愿景、重点任务和制度体系,明确了当前以及今后一个时期的路线图和时间表。[①]《生态文明体制改革总体方案》提出,通过构建八项制度搭好基础性框架,形

---

① 张勇:《把握重点持续推进 大力加强生态文明建设》,《行政管理改革》,2017 年第 12 期。

成产权清晰、多元参与、激励约束并重、系统完整的生态文明制度体系。具体而言，一项制度是构建归属清晰、权责明确、监管有效的自然资源资产产权制度，着力解决自然资源所有者不到位、所有权边界模糊等问题；二是构建以空间规划为基础、以用途管制为主要手段的国土空间开发保护制度，着力解决因无序开发、过度开发、分散开发导致的优质耕地和生态空间占用过多、生态破坏、环境污染等问题；三是构建以空间治理和空间结构优化为主要内容，全国统一、相互衔接、分级管理的空间规划体系，着力解决空间性规划重叠冲突、部门职责交叉重复、地方规划朝令夕改等问题；四是构建覆盖全面、科学规范、管理严格的资源总量管理和全面节约制度，着力解决资源使用浪费严重、利用效率不高等问题；五是构建反映市场供求和资源稀缺程度、体现自然价值和代际补偿的资源有偿使用和生态补偿制度，着力解决自然资源及其产品价格偏低、生产开发成本低于社会成本、保护生态得不到合理回报等问题；六是构建以改善环境质量为导向，监管统一、执法严明、多方参与的环境治理体系，着力解决污染防治能力弱、监管职能交叉、权责不一致、违法成本过低等问题；七是构建更多运用经济杠杆进行环境治理和生态保护的市场体系，着力解决市场主体和市场体系发育滞后、社会参与度不高等问题；八是构建充分反映资源消耗、环境损害和生态效益的生态文明绩效评价考核和责任追究制度，着力解决发展绩效评价不全面、责任落实不到位、损害责任追究缺失等问题。

2020 年 3 月 3 日，中共中央办公厅、国务院办公厅印发《关于构建现代环境治理体系的指导意见》（以下简称《指导意见》），指出到 2025 年，要建立健全环境治理的领导责任体系、企业责任体系、全民行动体系、监管体系、市场体系、信用体系、法律法规政策体系，落实各类主体责任，提高市场主体和公众参与的积极性，形成导向清晰、决策科学、执行有力、激励有效、多元参与、良性互动的环境治理体系。①这一《指导意见》为构建现代化环境治理体系,推进生态文明建设,提供了行动纲领。该《指导意见》以习近平新时代中国特色社会主义思想为指导,贯彻落实习近平生态文明思想,提出了构建现代环境治理体系的指导思想、基本原则、总目标,并从健全环境治理领导责任体系、企业责任体系、全民行动体系、监管体系、信用体系、法律法规政策体系等方面作出重点部署,提出明确的要求,从现代环境治理体系层面加快推动了我国生态环境治理体系和治理能力现代化的构建。该《指导意见》是继《关于加快推进生态文明建设的意见》和《生态文明体制改革总体方案》后,党中央、国务院为推进生态文明建设而出台的又一强力顶层设计,为我国生态文明建设提供了坚强的制度保障。

为推动地方各级党委和政府落实环境保护党政同责和一岗双责,加快解决突出的环境问题,切实改善环境质量,促进生态文明建设,党中央、国务院决定建立环境保护督察制度,并于 2015 年 8 月印发《环境保护督察方案(试行)》(以下简称《方案》),明确以中央环境保护督察组名义,对各省、自治区、直辖市党委和政府开展督察,并纳入《生态文明体制改革总体方案》"1+N"序列。2016—2018 年,中央环境保护督察实现对全国各省(区、市)督察全覆盖。在具体督察中,中央环境保护督察重点督察省级有关部门环境保护职责落实和工作推进情况,以及地市环境保护工作实施情况。重点盯住中央高度关注、民众反映强烈、社会影响恶劣的突出环境问题及其处理情况;重点检查环境质量呈现恶化趋势的区域流域及整治情况;重点督办民众反映的身边环境问题的立行立改情况;重点督察地方党委和政府及其有关部门环

---

① 《中共中央办公厅 国务院办公厅印发〈关于构建现代环境治理体系的指导意见〉》,中国政府网,http://www.gov.cn/zhengce/2020-03/03/content_5486380.htm。

保不作为、乱作为情况;重点推动地方落实环境保护严肃问责等工作情况。[①]中央环境保护督察有力地推动了环境保护"党政同责""一岗双责"的落实。此外,环保机构监测监察执法垂直管理、区域污染联防联控、设置跨地区环保机构、党政领导干部生态环境损害责任追究、排污许可制度等改革,也都是助力我国生态文明建设正在完善的体制机制。

党的十八大以来,我国环境治理力度明显加大,环境状况得到有力改善。[②]李干杰指出,党的十八大以来我国生态环境保护实现五个"前所未有":一是思想认识程度之深前所未有。[③]全党全国贯彻绿色发展理念的自觉性和主动性显著增强,忽视生态环境保护的状况明显改变。二是污染治理力度之大前所未有。发布实施了大气、水、土壤污染防治三大行动计划(分别简称"大气十条""水十条"和"土十条"),通过加速推进污水和垃圾处理等环境基础设施建设,实施燃煤火电机组超低排放改造,淘汰黄标车和老旧车,开展农村环境综合整治等,坚决向污染宣战。三是制度出台频度之密前所未有。中央全面深化改革领导小组审议通过 40 多项生态文明和生态环境保护具体改革方案,对推动绿色发展、改善环境质量发挥了强有力的推动作用。四是监管执法尺度之严前所未有。《环境保护法》《大气污染防治法》《水污染防治法》《土壤污染防治法》《环境影响评价法》《环境保护税法》《核安全法》《黄河保护法》《黑土地保护法》等多部法律完成制(修)订。五是环境质量改善速度之快前所未有。新时代 10 年生态环境质量改善成效显著。全国重点城市 PM2.5 浓度下降 57%,地级及以上城市 PM2.5 平均浓度2020 年至2022 年连

---

① 《第四批中央环境保护督察反馈全面启动实现督察全覆盖》,中国政府网,http://www.gov.cn/xinwen/2017-12/22/content_5249489.htm。

② 陈吉宁:《着力解决突出环境问题》,《人民日报》,2018 年 1 月 11 日。

③ 《李干杰:十八大以来我国生态环境保护实现五个"前所未有"》,人民网,http://env.people.com.cn/n1/2017/1023/c1010-29604306.html。

续 3 年，都降到世卫组织所确定的 35 微克/立方米第一阶段过渡值以下，我国成为全球大气质量改善速度最快的国家。全国地表水优良水质断面比例提高 23.8 个百分点，已接近发达国家水平。地级及以上城市建成区黑臭水体基本消除。顺利实现固体废物"零进口"目标。10 年来，我国二氧化碳排放强度下降 35% 左右，超额完成向国际社会承诺的目标。

但应当看到，我国环境保护仍滞后于经济社会发展，环境承载能力已经达到或接近上限，环境污染重、生态受损大、环境风险高成为全面建成小康社会的突出短板。[1]党的十九大报告明确提出，中国特色社会主义进入新时代，我国社会主要矛盾已经转化为人民日益增长的美好生活需要和不平衡不充分的发展之间的矛盾。2018 年 12 月 20 日，中央经济工作会议强调："今后 3 年要重点抓好决胜全面建成小康社会的防范化解重大风险、精准脱贫、污染防治三大攻坚战。"[2]党的十九大报告提出，建设生态文明是中华民族永续发展的千年大计，把坚持人与自然和谐共生作为新时代坚持与发展中国特色社会主义基本方略的重要内容，把建设美丽中国作为全面建设社会主义现代化强国的重大目标；在具体论述生态文明建设和生态环境保护的重要性时提出，要"像对待生命一样对待生态环境"，"实行最严格的生态环境保护制度"，要以解决人民群众反映强烈的大气、水、土壤污染等突出问题为重点，全面加强环境污染防治，全力打赢蓝天保卫战。

在党的二十大报告中，习近平总书记明确指出，中国式现代化是人与自然和谐共生的现代化，尊重自然、顺应自然、保护自然是全面建设社会主义现代化国家的内在要求。深入推进环境污染防治，持续深入打好蓝天、碧水、

---

[1] 陈吉宁：《着力解决突出环境问题》，《人民日报》，2018 年 1 月 11 日。

[2] 李珊珊：《决胜全面小康关键年 习近平布局三大攻坚战》，新浪网，http://news.sina.com.cn/c/2017-12-24/doc-ifypwzxq6001057.shtml。

净土保卫战,基本消除重污染天气,基本消除城市黑臭水体,加强土壤污染源头防控,提升环境基础设施建设水平,推进城乡人居环境整治。加快发展方式绿色转型,提升生态系统多样性、稳定性、持续性,积极稳妥推进碳达峰碳中和。

二、实现经济发展与生态环境保护"双赢"

环境污染问题归根结底是由不合理的生产方式和能源结构造成的。我国的钢铁、水泥、电力等高耗能、高排放行业比重过大,粗钢、水泥产量分别占世界总产量的 50%、60% 左右,煤炭产量占世界总消耗量的 50%。这样一个产业结构使得很多重点地区污染物排放量超过了环境的承载能力。[①]要打赢污染防治攻坚战,必须改变过多依赖增加物质资源消耗,过多依赖规模粗放扩张,过多依赖高能耗、高排放产业的发展模式。目前,一些地方环境污染现状与低端过剩的产业结构、落后的经济发展模式密不可分。

造成大气污染的工业污染源主要是燃煤电厂、钢铁、建材、化工、有色冶金等重点污染源和"散乱污"企业两大类。"散乱污"企业主要是不符合城镇总体规划、土地利用规划、产业布局规划的企业;违法违规建设、违规生产经营的,以及使用闲置设施农业用房、教育、农房等非工业用房进行非法生产的企业;违法违规排放,超标排放废水、废气、废渣的企业。近年来,涉重点污染源企业得到规范管理后,"散乱污"企业对环境质量的影响也就越来越明显。[②]据环保部门统计,在有环境违法问题的企业中,半数属于"散乱污"企

---

① 《陈吉宁:产业结构调整是防治大气污染的重要手段》,人民网,http://env.people.com.cn/n1/2016/0419/c1010-28287974.html。

② 《人民日报:零容忍整治"散乱污"》,搜狐网,http://www.sohu.com/a/161496376_807570。

业。①鉴于"散乱污"企业生产加工偷排偷放所导致的环境污染问题十分突出,"散乱污"企业的治理成为环保督查的重心。2017年4月30日和5月1日,环保部接连两日通报了京津冀及周边地区17处"散乱污"企业集群,17处集群聚集"散乱污"企业2400余家②,数量最多的一处"散乱污"企业集群(廊坊市三河市和香河县聚集各类小型家具生产作坊)600多家。截至2017年6月底,京津冀及周边地区28个城市已经核查出"散乱污"企业17.6万家。③被查处的"散乱污"企业大多没有工商、环保等合法手续,规模小、设备落后、管理混乱,在生产过程中存在违法生产、超标排放、未安装污染治理设施、治污设施运行不正常等问题,大多集中在低端产业,往往消耗大量资源能源,实际上其"质量"和经济效益并不高。"散乱污"企业因其污染环境,危害人民群众健康,给地方留下生态整治烂摊子,是地方经济发展的"负能量"。

有人提出,"散乱污"多是小微企业,是吸收当地就业的重要力量;也有

① 赵文君、高博:《整治清退"散乱污"企业 为绿色发展留白》,新华网,http://www.xinhuanet.com/politics/2017-08/22/c_1121520871.htm。

② 环保部通报17处"散乱污"企业集群:1.廊坊市大城县旺村镇附近聚集了近100家小金属冶炼厂;2.保定市雄县龙湾镇、双堂乡等乡镇有近100家废塑料加工作坊;3.沧州市任丘市吕公堡镇附近,集聚了142家焊接制造小企业;4.沧州市任丘市辛中驿镇、北汉乡等乡镇集聚有近80家小喷涂作坊;5.聊城市临清市先锋办事处、大辛庄办事处聚集了80余家以电机壳铸造为主的小铸厂;6.菏泽市东明县马头镇有近70家胶合板生产作坊;7.德州市武城县鲁权屯镇聚集了近80家玻璃钢加工作坊;8.郑州市经开区祥云、京航和九龙等办事处附近集聚了100余家以木门加工、家具制造为主的木制家具制造小作坊;9.开封市兰考县南彰镇和孟寨乡有80余家板材加工作坊;10.安阳市林州市姚村镇附近聚集了近80家以生产汽车零配件为主的机械加工、铸造厂;11.石家庄市富村镇、高邑镇有各类小型铸造厂60多家;12.邯郸市冀南新区城南办事处和光禄镇聚集了300余家废塑料加工企业;13.保定市高阳县龙化乡聚集近60家小塑料制品加工厂;14.廊坊市三河市和香河县共有各类小型家具生产作坊600多家;15.菏泽市郓城县丁里长镇、郭屯镇、侯咽集镇等乡镇分散着200余家塑料颗粒厂;16.菏泽市牡丹区胡集镇、大黄集镇、沙土镇共有100余家小型胶合板厂;17.太原市晋源区有各类小型家具生产企业约70家,木器加工小作坊100余家。引自王硕:《环保部通报京津冀及周边17处"散乱污"企业集群》,新京报网,http://www.bjnews.com.cn/news/2017/05/02/441990.html。

③ 李楠桦:《环保部:京津冀区域"散乱污"企业超17.6万家》,人民网,http://env.people.com.cn/n1/2017/0714/c1010-29406258.html。

观点认为,环保冲击实体经济,①从经济效益角度质疑"散乱污"治理政策。如何处理好经济发展与生态环境保护的关系? 习近平总书记坚持辩证科学发展的思想,提出实现经济建设与生态建设双赢。他强调:"经济发展不单纯是速度的发展,经济的发展不代表着全面的发展,更不能以牺牲生态环境为代价……要追求人与自然的和谐相处,就是要落实经济发展和生态建设的双赢。"追求人与自然的和谐、经济与社会的和谐并不等于不发展,不等于停步不前。在他看来,关键是要在发展与环境保护的关系上贯彻落实好科学发展观。结构调整和深化改革是节约资源、转变经济增长方式的关键。沿着建设节约型社会的基本思路,习近平提出了三条建设生态经济的思路:一是大力发展高效生态农业。他指出:"高效生态农业是集约化经营与生态化生产有机耦合的现代农业。……所谓高效,就是要体现发展农业能够使农民致富的要求;所谓生态,就是要体现农业既能提供绿色安全农产品又可持续发展的要求。"这种高效生态农业以绿色消费需求为导向,以提高农业市场竞争力和可持续发展能力为核心,兼有高投入、高产出、高效益与可持续发展的双重特征,无疑是其生态文明思想在农业生产中应用的具体体现。二是用循环经济支撑新型工业化之路。他强调:"发展循环经济是走新型工业化道路的重要载体,也是从根本上转变经济增长方式的必然要求。"出于对资源有限性与发展需求性、环境承载量与群众生活质量之间矛盾的现实考量,习近平

---

① 东南大学中国特色社会主义发展研究院特约研究员贺震认为,在以前环保标准不严、环保监管执法偏软的情况下,一些地方高耗能、高污染、设备老旧、工艺落后和未经环保审批、布局严重不合理的"散乱污"企业大量存在,客观上既为当地贡献了好看的 GDP 数据,也解决了一部分人员的就业。从各地的情况看,由环保督察和强化督查形成的环保风暴,这部分企业必然成为执法监管的重点对象,作为实体经济组成部分的"散乱污"企业受到冲击,也是必然的。从局部看、从微观看、从一时一地看,环保冲击实体经济是无法避免的。参见贺震:《怎样看待环保对实体经济的冲击》,《环境与生活》,2017 年 10 期;何欣荣:《新华时评"环保冲击实体经济"是个伪命题》,新华网,http://www.xinhuanet.com/local/2017-09/22/c_1121708651.htm;光明网评论员:《"环保冲击实体经济"! 吓唬谁呢? 》,光明网,http://guancha.gmw.cn/2017-09/21/content_26266744.htm。

提出要在发展循环经济上下功夫,努力在资源的高效利用和循环利用上出实招、硬招和高招,从观念转变、政策引导、实践机制、保障体系和操作步骤上推进,"形成企业间生产代谢和共生关系的生态产业链,在典型示范中引导公众参与建立循环型社会"。三是因地制宜地提出要发展旅游经济、打造旅游精品。习近平称旅游经济为"无烟经济",视之为生态经济的主要内容。他指出:"这些年来一些地方由于无序开发、盲目发展,造成对自然资源和生态环境损害的现象也时有发生。生态资源、风景名胜、文物古迹都是不可再生的资源,生态资源遭到破坏,人类生存环境就会恶化。"因此,要按照"严格保护、合理开发、持续利用"的原则,把生态资源和人文资源开发利用好,更要保护好,走资源节约、生态平衡、集约发展的道路。①简言之,通过供给侧结构性改革,推动发展低碳经济、循环经济,推动形成绿色发展方式,实现经济发展与生态环境保护共赢。

典型个案:环保督察助力吉神化工扭亏

吉神化工由吉林神华集团投资建设,与德国企业合作,引进当时世界上领先的过氧化氢法环保技术生产环氧丙烷。年产能 30 万吨环氧丙烷,成为行业内龙头企业。传统工艺生产环氧丙烷,虽然每吨成本降低五六百元,但是污染环境,治理成本高。由于吉神化工的生产成本高,2014 年投产后三年亏损 10 多亿元。2017 年,在中央加大环保督察的背景下,那些落后工艺、污染环境的化工厂被严格的环保执法"关停",环氧丙烷价格也渐渐回归合理空间,吉神化工的成本销售价差缩小,吉神化工走出了亏损的阴影。②

---

① 宇文利:《逐步走向中国生态文明新时代》,中青在线网,http://news.cyol.com/content/2017-12/01/content_16739161.htm。

② 褚晓亮、段续:《环保督察为何让这家化工企业实现扭亏?》,新华网,http://www.xinhuanet.com/fortune/2017-09/16/c_1121672982.htm。

三、以法治保障实现绿色发展

党的十八届四中全会通过的《中共中央关于全面推进依法治国若干重大问题的决定》(以下简称《决定》)明确提出,用严格的法律制度保护生态环境。用严格的法律制度保护生态环境,本质上就是用法律保障人们享用生态产品的权利,就是保障人的生存权和发展权。权利是法律授予的,保护生态环境,保护人们生态产品享用权,必须依靠法律。《决定》按照问题导向原则,针对我国生态文明法律制度存在的突出问题,重点强调了三个基本要求:1.用法律有效约束盲目开发、过度开发、无序开发等超出资源环境承载能力的开发行为。2.要促进绿色发展、循环发展、低碳发展的生态文明法律制度,从源头上减少污染物产生和排放。3.要按照谁污染、谁付费,谁破坏、谁受罚的原则,强化生产者环境保护的法律责任,大幅度提高违法成本,对构成犯罪的依法追究其刑事责任。《决定》提出了建立生态文明法律制度的四项重点任务:1.建立健全自然资源产权法律制度;2.完善国土空间开发保护方面的法律制度;3.制定完善生态补偿的法律法规;4.制定完善土壤、水、大气污染防治及海洋生态环境保护等法律法规。① 2018 年 3 月 11 日,十三届全国人大一次会议表决通过《宪法修正案》,生态文明写入宪法。为了树立民事活动的绿色原则,全国人大 2017 年通过的《民法总则》写入了民事活动应当有利于节约资源、保护生态环境的基本原则;为进一步明确检察机关在环境公益诉讼中的地位,全国人大常委会在 2017 年新通过的《民事诉讼法》和《行政诉讼法》中授权检察机关依法提起民事公益诉讼和行政公益诉讼。②在加强

---

① 杨伟民:《用严格的法律制度保护生态环境》,《经济日报》,2014 年 11 月 4 日。

② 汪劲:《督政问责、强力治污:环境法治的中国现象及未来》,《凤凰周刊》,2017 年第 36 期。

环境法治方面,在新修订的《环境保护法》的基础上,制修订了《大气污染防治法》《水污染防治法》等法律法规和环保部门规章。特别是相继颁布实施的"大气十条""水十条""土十条"明确了当前及今后一段时间内相关环境质量改善目标,分别针对大气污染、水污染、土壤污染提出综合治理措施。

2013 年 9 月 10 日,国务院下发了《国务院关于印发〈大气污染防治行动计划〉的通知》(简称"大气十条"),提出大气污染防治十条措施:一是减少污染物排放。全面整治燃煤小锅炉,加快重点行业脱硫脱硝除尘改造。整治城市扬尘。提升燃油品质,限期淘汰黄标车。二是严控高耗能、高污染行业新增产能,提前一年完成钢铁、水泥、电解铝、平板玻璃等重点行业"十二五"落后产能淘汰任务。三是大力推行清洁生产,重点行业主要大气污染物排放强度到 2017 年底下降 30% 以上。大力发展公共交通。四是加快调整能源结构,加大天然气、煤制甲烷等清洁能源供应。五是强化节能环保指标约束,对未通过能评、环评的项目,不得批准开工建设,不得提供土地,不得提供贷款支持,不得供电供水。六是推行激励与约束并举的节能减排新机制,加大排污费征收力度。加大对大气污染防治的信贷支持。加强国际合作,大力培育环保、新能源产业。七是用法律、标准"倒逼"产业转型升级。制定、修订重点行业排放标准,建议修订大气污染防治法等法律。强制公开重污染行业企业环境信息。公布重点城市空气质量排名。加大违法行为处罚力度。八是建立环渤海包括京津冀、长三角、珠三角等区域联防联控机制,加强人口密集地区和重点大城市 PM2.5 治理,构建对各省(区、市)的大气环境整治目标责任考核体系。九是将重污染天气纳入地方政府突发事件应急管理,根据污染等级及时采取重污染企业限产限排、机动车限行等措施。十是树立全社会"同呼吸、共奋斗"的行为准则,地方政府对当地空气质量负总责,落实企业治污主体责任,国务院有关部门协调联动,倡导节约、绿色消费方式和生活习惯,动员全民参与环境保护和监督。

2015年4月16日,国务院下发了《水污染防治行动计划》(简称"水十条"),制定了水污染防治十条措施:一是全面控制污染物排放。狠抓工业污染防治。取缔"十小"企业,全面排查装备水平低、环保设施差的小型工业企业,专项整治十大重点行业,集中治理工业集聚区水污染。强化城镇生活污染治理,加快城镇污水处理设施建设与改造。推进农业农村污染防治。加强船舶港口污染控制。二是推动经济结构转型升级。调整产业结构。依法淘汰落后产能,严格环境准入。优化空间布局。合理确定发展布局、结构和规模,推动污染企业退出,积极保护生态空间。严格城市规划蓝线管理,城市规划区范围内应保留一定比例的水域面积。推进循环发展。加强工业水循环利用。三是着力节约保护水资源。控制用水总量。实施最严格水资源管理,健全取用水总量控制指标体系,严控地下水超采。提高用水效率,抓好工业节水、城镇节水与农业节水。科学保护水资源。四是强化科技支撑。推广示范适用技术。加快技术成果推广应用,攻关研发前沿技术。大力发展环保产业。规范环保产业市场,加快发展环保服务业。五是充分发挥市场机制作用。理顺价格税费,加快水价改革,完善收费政策,健全税收政策。促进多元融资,引导社会资本投入,增加政府资金投入。建立激励机制。健全节水环保"领跑者"制度。实施跨界水环境补偿。六是严格环境执法监管。完善法规标准。健全法律法规,完善标准体系。加大执法力度,严厉打击环境违法行为。提升监管水平,完善流域协作机制及水环境监测网络,提高环境监管能力。七是切实加强水环境管理。强化环境质量目标管理。明确各类水体水质保护目标,逐一排查达标状况。深化污染物排放总量控制。完善污染物统计监测体系,将工业、城镇生活、农业、移动源等各类污染源纳入调查范围。严格环境风险控制,稳妥处置突发水环境污染事件。全面推行排污许可,加强许可证管理。

八是全力保障水生态环境安全。保障饮用水水源安全,强化饮用水水源环境保护,防治地下水污染。深化重点流域污染防治,加强良好水体保护,加强近岸海域环境保护,推进生态健康养殖。严格控制环境激素类化学品污染。整治城市黑臭水体。保护水和湿地生态系统。九是明确和落实各方责任。强化地方政府水环境保护责任,加强部门协调联动,落实排污单位主体责任。严格目标任务考核,将考核结果作为水污染防治相关资金分配的参考依据。十是强化公众参与和社会监督。依法公开环境信息,各地要定期公布本行政区域内水环境质量状况。加强社会监督,构建全民行动格局,树立"节水洁水,人人有责"的行为准则。

2016年5月28日,国务院印发了《土壤污染防治行动计划》(简称"土十条"),部署了我国土壤污染防治十项重点工作:一是开展土壤污染调查,掌握土壤环境质量状况。深入开展土壤环境质量调查,并建立每十年开展一次的土壤环境质量状况定期调查制度;建设土壤环境质量监测网络,2020年底前实现土壤环境质量监测点位所有县、市、区全覆盖;提升土壤环境信息化管理水平。二是推进土壤污染防治立法,建立健全法规标准体系。2020年,土壤污染防治法律法规体系基本建立;系统构建标准体系;全面强化监管执法,重点监测土壤中镉、汞、砷、铅、铬等重金属和多环芳烃、石油烃等有机污染物,重点监管有色金属矿采选、有色金属冶炼、石油开采等行业。三是实施农用地分类管理,保障农业生产环境安全。按污染程度将农用地土壤环境划分为三个类别;切实加大保护力度;着力推进安全利用;全面落实严格管控;加强林地草地园地土壤环境管理。四是实施建设用地准入管理,防范人居环境风险。明确管理要求,2016年底前发布建设用地土壤环境调查评估技术规定;分用途明确管理措施,逐步建立污染地块名录及其开发利用的负面清单;落实监管责任;严格用地准入。五是强化未污染土壤保护,严控新增土壤污染。结合推进新型城镇化、产业结构调整和化解过剩产能等,有序搬迁或依法关闭对土壤造成严重污染的现有企业。六是加强污染源监管,做好土壤污染预防工作。严控工矿污染,控制农业污染,减少生活污染。七是开展污染治理与修复,改善区域土壤环境质量。明确治理与修复主体,制定治理与修复规划,有序开展治理与修复,监督目标任务落实,2017 年底前,出台土壤污染治理与修复成效评估办法。八是加大科技研发力度, 推动环境保护产业发展。加强土壤污染防治研究,加大适用技术推广力度,推动治理与修复产业发展。九是发挥政府主导作用,构建土壤环境治理体系。完善管理体制。按照"国家统筹、省负总责、市县落实"原则,完善土壤环境管理体制,全面落实土壤污染防治属地责任。十是加强目标考核,严格责任追究。2016 年底前,国务院与各省区市人民政府签订土壤污染防治目标责任书,分解落实目标任务。

"徒法不足以自行。"法律的生命力在于实施,法律的权威也在于实施。各级环保部门抓住新修订的《环境保护法》《大气污染防治法》《水污染防治

法》等法律法规,以及"水十条""大气十条"和"土十条"实施的有利时机,持续开展环保执法行动。2017 年,环境保护部从全国抽调 5600 名环境执法人员, 对京津冀及周边传输通道"2+26"城市开展 25 轮次大气污染防治强化督查。①环境保护部部长李干杰提出环保督查"五步法",即督查、

①　京津冀大气污染传输通道"2+26"城市包括北京市,天津市,河北省石家庄、唐山、保定、廊坊、沧州、衡水、邯郸、邢台市,山西省太原、阳泉、长治、晋城市,山东省济南、淄博、聊城、德州、滨州、济宁、菏泽市,河南省郑州、新乡、鹤壁、安阳、焦作、濮阳、开封市(以下简称"2+26"城市)。

交办、巡查、约谈、专项督察的一套"组合拳"。具体而言，环境执法督查人员在现场发现问题，对涉及环保突出整改问题"记账挂单"，由环保部向当地政府发文件正式交办；环保部各司局派人巡察各地政府"挂单"问题整改完成情况；若巡查中发现治理进度缓慢、整改不力的，环保部将约谈地方政府有关领导。约谈后，环保部还将再派人"回头看"；针对环保整改问题"无动于衷"的地方，启动"机动式"、"点穴式"的中央专项督察，追责到人，确保问题得到全面解决。环保部通过对"2+26"城市开展驻地环保督查，一方面压实责任，另一方面强化环保法律法规的执行力。

2017年8月31日，环保部联合京津冀晋鲁豫六省市政府发布《京津冀及周边地区2017—2018年秋冬季大气污染综合治理攻坚行动量化问责规定》（下称《量化问责规定》）。该规定适用于京津冀大气污染传输通道"2+26"城市有关党政领导干部在大气污染综合治理工作中失职失责行为的问责工作；问责的重点是京津冀及周边地区"2+26"城市县（区）级党委、政府及其有关部门的党政领导干部，以及地市级党委、政府及其有关部门的党政领导干部。依据《量化问责规定》，问责事项主要分为"任务型"和"结果型"。"任务型"问责主要针对以下两种情况：第一种是未按要求完成交办问题整改的，发现2个、4个、6个问题的将分别问责副县长、县长、县委书记；第二种是通过强化督查或巡查新发现的涉及"散乱污"企业整治不力、电代煤和气代煤工作不实、燃煤小锅炉"清零"不到位、重点行业错峰生产不落实四个方面问题的，发现5个、10个、15个问题的将分别问责副县长、县长、县委书记。地市级层面，行政区域内被问责的县达到2个、3个、4个的将分别问责副市长、市长、市委书记。"结果型"问责是根据大气环境质量改善目标完成情况进行排名，排名后三位且改善目标比例低于60%的问责副市长，低于30%的问责市长，不降反升的问责市委书记。

2018 年 1 月 23 日，中央电视台财经频道《经济半小时》栏目报道河北省廊坊市文安县部分塑料企业未落实采暖季错峰生产要求违规生产事件，环保部紧急派员赶赴文安县对媒体曝光事件进行调查。经查，文安县已对媒体报道的 3 家塑料厂采取了断水、断电、清除原料和产品、拆除设备主机电路板等措施。调查发现，该县赵各庄镇仍有 16 家企业不能落实污染治理主体责任，于 2017 年 12 月至 2018 年 1 月间，未按照错峰停限产要求违规生产。①该事件严重违反《京津冀及周边地区 2017—2018 年秋冬季大气污染综合治理攻坚行动方案》，16 家企业未按照《文安县 2017—2018 年采暖季错峰生产实施方案》错峰停限产要求违规生产。依据《量化问责规定》，廊坊市对负有领导责任的责任人进行了处理。

与此同时，环境司法取得重大进展。最高人民法院、最高人民检察院发布办理环境污染刑事案件的司法解释，最高人民法院出台审理环境民事公益诉讼案件、环境侵权责任纠纷案件适用法律若干问题解释，建立行政执法与刑事执法协调配合机制。比如，2015 年 5 月，吉林市昌邑区土城子乡五家子村多名村民发现以当地奉土河水浇灌的水稻秧苗大面积枯死。村民怀疑秧苗死亡与上游企业排污有关，向昌邑区农业、环保部门举报。吉林市环境监察支队对上游水体及沿岸企业进行排查，发现被告人孔某某的废旧塑料回收加工站无污水处理设施，未经环保部门审批，违法排污导致河流被污染，造成水稻秧苗大面积死亡。昌邑区人民法院公开开庭审理此案，作出如下判决：被告人孔某某犯污染环境罪，被法院判处有期徒刑 1 年 3 个月，并处罚金人民币 5 万元。这是新《环保法》施行后，吉林市判决的首例环境污染

---

① 阮煜琳：《环保部公布大气污染攻坚行动量化问责首起案件 多名官员被处分》，新华网，http://www.xinhuanet.com/politics/2018—02/25/c_1122450385.htm。

刑事案件。① 2017 年 5 月 19 日,天津市武清区人民法院依法公开开庭审理并当庭宣判了两起环境污染刑事案件。②

典型个案:何某、马某等非法倾倒废盐酸严重污染环境获刑

2015 年 9 月至 2016 年 7 月,何某雇佣并指使郝某、曹某等人(均另案处理),分别驾驶其所有的两辆套牌改装大货车,多次到天津市宁河区大北涧沽镇独立村马某经营的天津市欢乐商贸有限公司,天津市宁河区七里海镇小八亩坨村赵某经营的工厂内,将马某回收并存放于上述地点的废酸 3000 余吨拉走,倾倒于滨保高速公路路边排水渠内,以及河北省霸州市杨芬港镇何某经营的废酸厂池子内,倾倒的废酸又渗入到土壤中。2016 年 4 月 24 日夜间,在何某指使下,曹某、郝某驾驶套牌改装大货车在滨保高速公路路边排水渠倾倒废酸时被发现,二人弃车逃逸,所驾驶的套牌改装大货车被依法扣押。

经天津市宁河区、北辰区、武清区环境保护监测站监测,上述倾倒点水样 PH 值均小于 1,认定为危险废物。法院审理认为,被告人何某、马某均无危险废物经营许可证,非法从事该项业务,被告人赵某、郭某明知被告人何某无危险废物经营许可证,仍将马某非法回收、存放的危险废物交由何某处置,由何某雇佣、指使他人非法倾倒,严重污染环境,其行为均已构成污染环境罪,且后果特别严重。何某被判处有期徒刑五年,并处罚金;马某被判处有期徒刑五年,并处罚金;赵某被判处有期徒刑三年,并处罚金;郭某被判处有

---

① 李洪洲:《吉林市首例环境污染刑事案件宣判 被判 1 年 3 个月》,新文化网,http://news.xwh.cn/2016/1206/372506.shtml。

② 张晓敏:《非法倾倒废盐酸严重污染环境 4 名被告人获刑》,中国法院网,http://www.china-court.org/article/detail/2017/05/id/2875303.shtml。

期徒刑二年,并处罚金。

《刑法修正案(八)》和《刑法修正案(十一)》先后两次对我国《刑法》第338条所规定的污染环境罪进行较大幅度的修改。最高人民法院、最高人民检察院、公安部、司法部、生态环境部于2019年2月20日发布《关于办理环境污染刑事案件有关问题座谈会纪要》;最高人民法院、最高人民检察院于2023年8月8日发布《关于办理环境污染刑事案件适用法律若干问题的解释》。近年来,污染环境罪的司法适用逐步得以激活,案件数量呈增长态势。

第一章
改革开放以来中国环境法治建设的发展历程

改革开放以来,我国生态环境法治体系建设取得历史性巨大成就。进入新时代,我国加大环境法治建设力度前所未有,为我国生态文明建设提供了重要保障。

一、完善环境法律制度

为了加强和保障环境保护工作,改革开放以来我国不断建立健全环境法律制度。在立法方面,具有中国特色的生态环境保护法律体系基本形成。我国生态环境保护相关法律达到 30 多件,还有 100 多件行政法规和 1000余件地方性法规,初步形成了包括综合性法律、污染防治专门法律、环境和生物多样性保护法律、资源保护利用法律、流域性生态环保法律、特殊地理地域保护法律在内的法律体系。①以时间顺序,梳理我国环境法律制度不断

---

① 参见《栗战书在生态环保立法工作座谈会上强调 深入贯彻习近平生态文明思想 加快完善中国特色社会主义生态环境保护法律体系》,中国人大网:http://www.npc.gov.cn/npc/kgfb/202201/d007db7912b84969b8d3b598a034d125.shtml。

完善的历程如下：

1978 年宪法明确规定："国家保护环境和自然资源，防治污染和其他公害"。

1979 年《环境保护法（试行）》出台，明确"中华人民共和国环境保护法的任务，是保证在社会主义现代化建设中，合理地利用自然环境，防治环境污染和生态破坏，为人民造成清洁适宜的生活和劳动环境，保护人民健康，促进经济发展"。该法主要对我国环境保护工作的方针、政策、保护对象、管理体制、科研宣传、教育奖惩等作了原则规定。1979 年 2 月 23 日，五届人大常委会六次会议通过了《森林法（试行）》，对森林的营造、采伐和管理作出原则规定。

1982 年宪法进一步明确"国家保护和改善生态环境和生活环境，防治污染和其他公害"。宪法还对植树造林、保护林木作出规定。这部《宪法》确立了我国环境保护法的基本框架和主要内容，为后续环境立法提供了重要依据。

1982 年 8 月 23 日，《中华人民共和国海洋环境保护法》颁布，对我国海洋环境保护具有重要意义。

1984 年 5 月 11 日，《中华人民共和国水污染防治法》颁布，于 1984 年 11 月 1 日起施行。该法是我国水污染防治方面颁布的第一部法律。

1985 年 6 月 18 日，《中华人民共和国草原法》颁布，开辟了我国以法治草的新时代。

1986 年 6 月 27 日，第六届全国人大常委会第十六次会议通过《中华人民共和国土地管理法》，自 1987 年 1 月 1 日施行。该法为我国依法管好用好土地提供了强有力的法律依据。

1987 年 9 月 5 日，《中华人民共和国大气污染防治法》颁布实施，对我国开展大气污染防治工作起到了有力的促进作用。

第一章　改革开放以来中国环境法治建设的发展历程

1988 年 1 月 21 日,《中华人民共和国水法》颁布。这标志着我国依法治水、用水、管水进入了一个新阶段。

1989 年 12 月 26 日,《中华人民共和国环境保护法》颁布,该法对我国环境保护的基本原则、基本制度、法律责任等作出了指导性的规定。该法共六章四十七条。作为环境保护领域的基本法,以法律形式确定了我国环境保护监督管理体制和监督管理制度,规定了法律责任,为依法保护和改善环境,全面加强环境保护工作提供了法律保障,为我国环境法律体系的完善奠定了重要基础。

1991 年 6 月 29 日,《中华人民共和国水土保持法》审议通过。

1996 年 5 月 15 日,通过了《全国人民代表大会常务委员会关于修改〈中华人民共和国水污染防治法〉的决定》。1996 年 10 月 19 日,通过《中华人民共和国环境噪声污染防治法》。1999 年 12 月 25 日,第九届全国人大常委会第十三次会议修订《中华人民共和国海洋环境保护法》。

1997 年 3 月,《中华人民共和国刑法》修订,增加了第六章第六节"破坏环境资源保护罪"。1999 年 3 月,《中华人民共和国宪法修正案》修订了《中华人民共和国宪法》第九、十、二十二、二十六条关于国家保护和改善生活环境、生态环境的条款。

2000 年 4 月 29 日,第九届全国人大常委会第十五次会议通过《中华人民共和国大气污染防治法》。

2001 年 8 月 31 日,通过了《中华人民共和国防沙治沙法》。

2002 年 6 月,《中华人民共和国清洁生产促进法》颁布实施,对我国清洁生产、减少环境污染、保障人体健康、提高资源利用率等产生重要促进作用,为经济社会可持续发展奠定了法律基础。2002 年 10 月,通过了《中华人民共和国环境影响评价法》,自 2003 年 9 月 1 日起正式实施。这是环境立法领域的重大突破,不仅进一步规范了项目环评,并且确立了规划环评制度,把可能对环境造成更巨大和持久影响的规划纳入了环境影响评价的范畴,标志着我国规划环评的发端。

2003 年 6 月 28 日,通过了《中华人民共和国放射性污染防治法》,这部法律填补了立法空白的法律,确立了放射性污染防治的基本原则和监管体制。

2004 年 12 月 29 日,通过了经修订的《固体废物污染环境防治法》。修订后的《固体废物污染环境防治法》实行固体废物全过程管理和生产者责任延伸制度。增加了违法行为及其处罚的种类,较大幅度地提高了罚款数额。2013 年,全国人民代表大会常务委员会第三次会议对《固体废物污染环境防治法》展开第二次修订。2015 年,全国人民代表大会常务委员会第十四次会议对该法展开第三次修订。2016 年,第十二届全国人民代表大会常务委员会第二十四次会议对此法进行四次修订。2020 年,十三届全国人民代表大会十七次会议第五次修订该法,将生活垃圾分类制度写入该法。先后五次修订,完善了固体废物污染的法律制度,给我国固体废物污染的预防和治理工作提供了法律依据和制度遵循。

2007 年,《中华人民共和国节约能源法》《动物防疫法》等环境立法。

2008 年 2 月 28 日,第十届全国人大常委会第 32 次会议通过了修订后的《中华人民共和国水污染防治法》,对现行法律进行了修改、补充和完善。2008 年 8 月 9 日,通过了《中华人民共和国循环经济促进法》,以"减量化、再利用、资源化"为主线,是为推动循环经济发展而制定的。

2013 年 6 月,我国修订了《中华人民共和国草原法》。新修订的《中华人民共和国草原法》更加有利于合理利用草原资源、保护草原生态平衡、维护草原生物多样性,是一部推动现代畜牧业朝可持续发展方向前进的一部草原根本大法,此法严格限制了破坏草原生态系统的行为,并利用罚款等行政处罚惩处违法行为。

2014 年 4 月，第十二届全国人大常委会第八次会议审议通过并修订了《中华人民共和国环境保护法》(1979 年试行，1989 年正式实施)。新修订的《环境保护法》的实施标志着我国生态文明法治建设取得了新进展。新《环保法》是新时代全面贯彻落实党中央关于生态文明建设和依法治国要求的环保领域根本法，是全党全国人民生态文明意志的集中体现。新修订的《环境保护法》共 7 章 70 条，与原法 6 章 47 条相比，有较大变化，重点突出更加严厉的企业法律责任、政府监管职责的强化、公众参与治理环境。新修订的《环境保护法》更加突出经济社会可持续发展以及环境治理的现代化、法治化。新《环保法》的修订和实施，为我国环境保护事业发展提供了新的动力。

2015 年 8 月 29 日，第十二届全国人民代表大会常务委员会第十六次会议对《大气污染防治法》进行了二次修订，新修订的《大气污染防治法》进一步突出了大气环境质量标准在环境管理中的地位和作用，将大气污染防治以目标—追责的形式固化，显示出了法律制度的"钢牙利齿"。

2016 年，第十二届全国人民代表大会常务委员会第二十一次会议新修改了《中华人民共和国水法》，对水环境治理进行了更为细化和严格的规定，进一步规定了水环境保护和水环境治理的法治建设。2016 年 12 月，为了保护和改善环境，减少污染物排放，推进生态文明建设，《中华人民共和国环境保护税法》审议通过。《环境保护税法》是我国首部专门体现"绿色税制"，推进生态文明建设的单行税法。此项法律最大的特点是排污费改税。这是我国环境保护法律建设和环境管理工作的一次重大变革。根据《中华人民共和国环境保护税法》，随后又于 2017 年 12 月 25 日发布了《中华人民共和国环境保护税法实施条例》，自 2018 年 1 月 1 日起施行，同时废止了《排污费征收使用管理条例》。《条例》除总则和附则外，分别对"计税依据""税收减免""征收管理"三方面做了规定。

2017 年，第十二届全国人民代表大会常务委员会第二十八次会议修正了《水污染防治法》。2018 年，开始实行《全国人民代表大会常务委员会关于修改〈中华人民共和国水污染防治法〉的决定》，对水污染防治的标准和规划、水污染防治的监督管理、水污染防治措施、工业水污染防治、城镇水污染防治、农业和农村水污染防治、船舶水污染防治、饮用水水源和其他特殊水体保护以及水污染事故处置等进行了详细说明，并明确了对严重破坏水资源的行为需要承担法律责任。

2018 年，十三届全国人大常委会第五次会议对《土壤污染防治法》进行了修订，并于 2019 年 1 月 1 日起开始施行。2018 年 3 月，《宪法》修正案在序言中将"推动生态文明协调发展"作为国家的根本任务，《宪法》第八十九条将"引导和管理生态文明建设"作为国务院的职权。《宪法》第二十六条规定"国家保护和改善生活环境与生态环境，防治污染和其他公害。"这一原则性规定，为相关立法提供了根本依据。《宪法》有关生态环境保护相关法律条文的修订，从根本大法的角度为我国的生态环境保护提供了最高的法律保障。2018 年 10 月，再次修订《大气污染防治法》，在此次修改中主要修改了主管部门的名称，如在 52 条和 107 条中将"环境保护主管部门"修改为"生态环境主管部门"，这一名称的变化，深刻体现了我党对生态文明建设的理论和实践成果的不断深化。2018 年 12 月，第十二届全国人民代表大会常务委员会第二十一次会议对《中华人民共和国环境影响评价法》进行了第二次修订。新修订的《环评法》明确鼓励各单位、专家和公众参与环境影响评价，这充分体现了我国环境保护公众参与制度的完善，强化了公民的环境意识。2018 年 12 月 29 日，十三届全国人大常委会第七次会议修订了《中华人民共和国环境噪声污染防治法》。这次修订把对产生噪声污染的生产生活行为进行处罚作为强硬的刚性约束,旨在以经济手段着力调控噪声污染行为,体现了我国政府对噪声污染治理的坚决态度。

2019 年 12 月,通过了《中华人民共和国森林法》,这是对我国《森林法》的第三次修订。本次森林法修订新增了"森林权属"一章,还提出了对森林资源进行分类管理的理念。

2020 年《中华人民共和国民法典》颁布实施,首次将"绿色原则"和生态保护的相关条款进行编撰,成为以民法为起点的法律体系生态化的开端。2020 年,十三届全国人大常委会第二十四次会议表决通过《中华人民共和国长江保护法》,自 2021 年 3 月 1 日起施行,开始开展了长江入河排污口的专项整治,打破了国家流域立法的冷清状态。

我国环境法律体系以宪法为基础,以环境保护法为主体。党的十八大以来,《大气污染防治法》《水污染防治法》《土壤污染防治法》等专门针对污染防治的法律相继颁布实施,弥补了我国现行的污染防治法律的空白,进一步完善了我国的污染防治法律体系。在实施可持续发展战略的过程中,我国环境法律制度逐渐完善,党和政府积极开展环境立法工作,通过法律制度来加强环境保护,这为环保工作铸就了法律制度的根基,在我国环境保护工作的历史进程中起到了极其关键的作用。为增强和规范这些立法和修改的法案的操作性和可执行性,国家环保总局及其他部门还出台了相关的规程。另外,各地政府在国家环境立法总的指导下,根据各地生态资源环境特点和实际情况,也出台了地方性环境法律法规。如《山东省南水北调工程沿线区域水污染防治条例》就是专门针对南水北调工程的立法,让水安全问题在法制上得到了保障。四川和云南等地出台了赤水河流域保护条例等。多维度保护生态环境的法律法规体系不断完善,为促进人与自然和谐共生提供了法律制度保障。

二、健全生态环境法治体系

党的十八大以来，以习近平同志为核心的党中央高度重视生态文明建设。2013年，习近平总书记在党的十八届三中全会上提出"山水林田湖是一个生命共同体"，强调了自然界各要素之间的相互作用关系。2017年，党的十九大报告中指出，"人与自然是生命共同体"凸显了人类与自然界之间的内在共生性，延续了生命共同体理念的发展。2021年，习近平总书记在《生物多样性公约》第十五次缔约方大会领导人峰会上提出"共建地球生命共同体"，以创新性国际视野进一步拓展了生命共同体理念，为全球可持续发展贡献中国方案。党的二十大报告提出，中国式现代化是人与自然和谐共生的现代化。2023年7月，习近平总书记在全国生态环境保护大会上再次强调，全面推进美丽中国建设，加快推进人与自然和谐共生的现代化。生态文明建设是一个涉及多维度、多层次、多领域的系统工程，需要"统筹各领域资源，汇聚各方面力量，打好法治、市场、科技、政策'组合拳'"。具体到法治层面，就要始终坚持用最严格制度最严密法治保护生态环境①，不断推进生态环境治理体系和治理能力现代化。

一是将生态文明理念全面贯彻到我国现有的法律体系中。习近平总书记指出，"如果种树的只管种树、治水的只管治水、护田的单纯护田，很容易顾此失彼，最终造成生态的系统性破坏"。在党的二十大报告中，习近平总书记进一步强调，要"坚持山水林田湖草沙一体化保护和系统治理"。这些重要论断都是整体保护理念的集中体现。2020年颁布的《中华人民共和国长江保

---

① 习近平：《推动我国生态文明建设迈上新台阶》，《奋斗》，2019年第3期。

护法》引领了我国生态文明立法的变革,自此我国生态文明立法已从单一的环境保护部门法,发散到整体部门法体系,我国生态文明法治保障体系在立法上实现了巨大跨越。近年来区域协同立法开始成为地方环境立法的重要发展趋势,如2022年10月,苏皖两省三市协同立法的《关于加强长江江豚保护的决定》正式实施。区域协同立法有助于就区域之间的共性问题进行综合性统筹设计,未来可以进一步推进。[①]

二是深化生态环境党内法规制度规范体系,健全严密的生态环境法治监督体系。生态环境党内法规制度规范与法律规范的关系复杂而紧密,需要贯彻习近平总书记关于"注重党内法规同国家法律的衔接和协调"的要求,努力形成国家法律法规和党内法规制度相辅相成、相互促进、相互保障的格局,促进党的制度优势和国家制度优势相互转化、汇聚合力。待条件成熟后,应尽可能在立法工作中完成从党内法规向国家法律的位阶转换,将先行先试取得的成果法律化,以确保合目的性与合法性相统一、功能维度上的有效与规范维度上的合理相统一。通过党内规范法制化与国家法律党纪化等方式实现二者之间的有效转换,形成"党规+国法"的生态环境规范体系,将党领导生态环境法治建设的生动实践转化为中国特色的制度优势。另一方面,以党内监督引领生态环境法治监督,运用法治思维和法治方式,强化生态环境法治监督,形成党内监督、国家监督与社会监督相互贯通、相互支撑的格局,消除权力监督的真空地带。针对生态环境法治建设中地方重视、支持不足的问题,持续深入开展中央生态环境保护督察,压实地方生态环境保护"党政同责、一岗双责",进一步强化生态环境法治保障体系。

三是坚持"共建地球生命共同体"理念,为国际生态法治建设贡献中国

[①]　秦天宝:《完善生态环境法治体系助推人与自然和谐共生的现代化》,《民主与法制》,2023年第42期。

智慧。2021 年,习近平总书记在《生物多样性公约》第十五次缔约方大会领导人峰会上提出"共建地球生命共同体",以创新性国际视野进一步拓展了生命共同体理念,为全球可持续发展贡献中国方案。我国多次承办联合国缔约方大会并推动制定《鄂尔多斯宣言》(2017)、《联合国防治荒漠化公约》(2019)、《昆明宣言》(2021)等国际协定,并坚决拥护《巴黎协定》的治理成果,于 2018 年同诸多国家进一步完善了具体细则,为推动构建美丽地球家园、构建人类命运共同体提供了中国主张。

习近平总书记强调,实现碳达峰、碳中和是一场广泛而深刻的经济社会系统性变革,要把碳达峰、碳中和纳入生态文明建设整体布局,拿出抓铁有痕的劲头,如期实现 2030 年前碳达峰、2060 年前碳中和的目标。这是基于构建人类命运共同体的责任担当和实现可持续发展的内在要求,向世界作出的庄严承诺。"双碳"目标的战略部署,彰显了我国的环境与气候治理已从被动的国际参与迈向国内自主制度安排,是重大的战略决策。为高效推进"双碳"目标,2021 年,中共中央、国务院出台了《关于完整准确全面贯彻新发展理念做好碳达峰碳中和工作的意见》,国务院印发了《2030 年前碳达峰行动方案》,成为我国碳达峰碳中和行动的政策指南与实践路径。当前,国内与碳达峰碳中和直接相关的政策法规包括《碳排放权交易管理办法(试行)》《碳排放权登记管理规则(试行)》《碳排放权交易管理规则(试行)》和《碳排放权结算管理规则(试行)》。2021 年 3 月,《碳排放权交易管理暂行条例(草案修改稿)》公开征集意见。2022 年 6 月,生态环境部等 17 部门联合印发《国家适应气候变化战略 2035》,统筹谋划与部署了对我国当前至 2035 年适应气候变化工作。2022 年 9 月,生态环境部印发《省级适应气候变化行动方案编制指南》,指导和规范省级适应气候变化行动方案编制工作,强化省级行政区域适应气候变化行动力度。有专家指出,我国双碳相关法律法规主要由生态环境部颁发,法律位阶较低,所涉及事项主要针对碳排放权交易管理,并未涉及碳捕获、碳封存等,内容涉及事项范围较小,从全国"双碳"目标的实现角度来看,其发挥的作用较为有限。[①]"双碳"目标的实现,特别需要法治的保驾护航,特别需要用法治促进社会生产力发展的力量不断涌流,要充分发挥法治固根本、稳预期、利长远的作用,确保在法治的轨道上推进我国"双碳"目标的实现。尽快制订《气候变化应对法》,将"双碳"目标制度化、法律化。以《气候变化应对法》为龙头,建立统一监督管理和分领域、分行业、分工负责相结合的应对气候变化管理体制,建立信贷、保险、金融、专项资金、基金等气候资金保障机制,健全低碳产品生产与优先采购机制,建立行政审批、信用管理、价格调整、联合执法、表彰奖励等气候联动惩戒机制,在可持续发展框架和《联合国气候变化框架公约》的原则下,积极推动信息通报、应急联动、灾害救助、科技培训、物质援助、碳关税等气候变化国际协商与合作制度。[②]

三、推进生态环境法典编纂

党的二十大报告在全面依法治国整体部署中,特别提出了"统筹立改废释纂,增强立法系统性、整体性、协同性、时效性"。当代中国,有习近平生态文明思想和习近平法治思想领航,有中国特色社会主义法律体系的内生动力,有中华优秀生态文化和法典化传统的滋养,有域外环境法典编纂的实践经验,有多年来环境法学理论与实践研究的积淀,为环境法典编纂提供了良

---

① 白彦:《中国式现代化视域中的生态法治建设》,《人民论坛》,2022年第22期。

② 徐颖:在法治轨道上大力推进我国"双碳"目标实现,https://theory.gmw.cn/2021—11/01/content_35276814.htm

第二章
环保督察以"党规＋国法"推进生态环境治理

　　中央生态环境保护督察是习近平总书记亲自谋划亲自部署亲自推动的党和国家重大的体制创新和重大的改革举措，是习近平生态文明思想重大原创性成果和制度性保障。[①]2015 年 12 月 31 日至 2016 年 2 月 4 日,中央环保督察试点在河北展开。大约两年时间,督察实现对全国 31 个省区市的全覆盖。2018 年起,又对其中 20 个省份进行了督察"回头看"。推动解决群众身边生态环境问题 15 万余件、罚款数额达 24.6 亿元、行政和刑事拘留 2264 人。[②]第二轮督察从 2019 年启动,分六批完成了对全国 31 个省(区、市)和新疆生产建设兵团、2 个部门和 6 家中央企业的督察。2023 年 11 月 21 日,经党中央、国务院批准,第三轮中央生态环境保护督察全面启动。第一批共组建 5 个中央生态环境保护督察组,分别对福建、河南、海南、甘肃、青海 5 个省开展督察进驻工作。督察始终保持严的基调,紧紧盯住生态环境领域的突出矛盾和重大问题。中办、国办先后印发《环境保护督察方案(试行)》《中央

---

　　① 转引自"全文实录｜国新办举行中央生态环境保护督察进展成效发布会",https://www.mee.gov.cn/ywdt/zbft/202207/t20220706_987848.shtml。

　　② 引自"数说"第一轮中央生态环保督察及"回头看":15 万余件环境问题、24.6 亿元罚款、2264 人被拘留,https://baijiahao.baidu.com/s?id=1633609630658160328。

生态环境保护督察工作规定》《中央生态环境保护督察整改工作办法》(强调督察整改是重要的政治任务),使得环保督察制度建设不断深化,为督察工作深入发展奠定坚实的法治基础。环保督察以"党规＋国法"推进生态环境治理取得显著成效,查处了一批破坏生态环境的重大典型案件、解决了一批人民群众反映强烈的突出环境问题。

一、严峻的环保形势倒逼启动污染治理"攻坚战"

改革开放以来,我国经济快速发展,同时也付出了较高的生态环境代价。蓝天变少了,河流被污染,垃圾量激增,环境问题成为发展之困、民生之痛。2010年2月6日,国务院发布第一次全国污染源普查报告。根据《全国污染源普查条例》规定,每十年开展一次全国污染源普查工作的要求,国务院于2016年10月26日印发了《关于开展第二次全国污染源普查的通知》,2017年在全国范围内开展污染源普查。据生态环境部、国家统计局、农业农村部共同发布的《第二次全国污染源普查公报》,与第一次全国污染源普查数据同口径相比,近年来污染防治取得的巨大成效:一是主要污染物排放量大幅下降。2017年二氧化硫、化学需氧量、氮氧化物等污染物排放量比2007年分别下降了72%、46%和34%。二是产业结构调整成效显著。三是污染治理能力明显提升。总体上看,我国环境污染形势依然严峻,污染治理任重道远。打赢环境污染防治攻坚战,是党的十九大明确的重要任务,[1]其重点是打好大气污染治理、水污染治理和土壤污染治理三大攻坚战。

---

① 周宏春:《中国环境污染形势严峻 2018年环保攻坚战怎么打?》,中国网,http://news.china.com.cn/2018−01/02/content_50184356.htm。

河南省一农业大县禁烧的一个月以来,因秸秆焚烧拘留了100多人,罚款训诫数百人。笔者认为,从根本上解决秸秆焚烧的问题,关键是要疏堵结合,要给农民提供一个既方便、又有经济实惠的生态出口。①

根据国务院办公厅关于加快构建废弃物循环利用体系的意见(国办发〔2024〕7号),鼓励农民将秸秆进行资源化利用,例如作为动物饲料、有机肥料、能源原料等;各地政府需合理规划焚烧点,并提供相应的秸秆收集和处理设施;禁止露天焚烧秸秆。这一举措不仅能够减少焚烧过程中产生的污染物,还能够为农民提供额外的收入来源。

雾霾被称为健康的"隐形杀手"。中国工程院院士钟南山接受中央电视台《新闻1+1》记者采访时指出,雾霾比非典可怕得多,任何人都跑不掉;不仅

对呼吸系统,而且对心血管、脑血管、神经系统都有影响。②雾霾天对呼吸系统影响最大,这已成为多数人的共识。研究表明,PM2.5每立方米增加10个微克,呼吸系统疾病的住院率可以增加到3.1%。③雾霾天气导致近地层紫外线减弱,容易使得空气中病菌的活性增强,细颗粒物会

---

① 《全国多地连日雾霾严重 秸秆焚烧是否为祸首?》,新华网,http://news.xinhuanet.com/politics/2015-10/20/c_1116884784.htm。

② 《钟南山谈大气污染:比非典可怕得多 任何人都跑不掉》,人民网,http://society.people.com.cn/n/2013/0131/c1008-20385570.html。

③ 《钟南山谈大气污染:比非典可怕得多 任何人都跑不掉》,人民网,http://society.people.com.cn/n/2013/0131/c1008-20385570.html。

"带着"细菌、病毒进入呼吸系统的深处,造成感染。钟南山指出,北京地区每年肺癌增幅达2.42%,是所有肿瘤发病率增加最快的。其中,朝阳区、丰台区和石景山区肺癌发病最高,这和地区污染程度相符,说明灰霾与肺癌发病率存在关联。[①]雾霾天对人体心脑血管疾病的影响也很严重,会阻碍正常的血液循环,导致心血管病、高血压、冠心病、脑出血,可能诱发心绞痛、心肌梗死、心力衰竭等,使慢性支气管炎出现肺源性心脏病等。美国调查了2.5万名有心脏病或心脏不太好的人,发现PM2.5增加10微克/立方米后,病人病死率会提高10%~27%。因此,雾霾天气时,年老体弱和心血管疾病的人应该减少在室外的时间,在饮食方面要少吃刺激性食物。心血管疾病患者外出最好戴上棉质口罩,外出归来要立即清洗面部及裸露的肌肤。

2014年2月,习近平在北京考察时指出,应对雾霾污染、改善空气质量的首要任务是控制PM2.5,要从压减燃煤、严格控车、调整产业、强化管理、联防联控、依法治理等方面采取重大举措,聚焦重点领域,严格指标考核,加强环境执法监管,认真进行责任追究。[②]2015年8月31日,十二届全国人大常委会第十六次会议通过新修订的《大气污染防治法》,自2016年1月1日起施行。[③]黄亮斌认为,新修订的《大气污染防治法》有七大亮点:①突出大气环境质量改善主线。该法通篇围绕大气质量改善这个目标主线展开,明确提及"大气环境质量"达36次之多,接近全部条文的1/3,为该法的最大亮点,体现了环境质量要与老百姓切身感受相符的立法思路,为大气污染防治工作全面转向以质量改善为核心提供了法律保障。②强化政府责任。该法规定了

---

①　《雾霾对人体到底有什么影响》,新浪网,http://health.sina.com.cn/d/2015-03-02/1834167039. shtml。

②　《习近平:北京改善空气质量首要任务是控制PM2.5》,载中国新闻网,http://www.chinanews. com/gn/2014/02-26/5887314.shtml。

③　黄亮斌:《新修订〈大气污染防治法〉七大亮点》,《湖南日报》,2015年9月17日。

地方政府对辖区大气环境质量负责、环境保护部对省级政府实行考核、未达标城市政府应当编制限期达标规划、上级环保部门对未完成任务的下级政府负责人实行约谈和区域限批等一系列制度措施。③加强标准控制。新增"大气污染防治标准和限期达标规划"章节并前置,规范大气污染质量标准、污染物排放标准制定行为,以及标准运用和落实。④坚持抓主要矛盾和源头治理。第四章"大气污染物防治措施"中,对加强燃煤、工业、机动车船、扬尘、农业等大气污染的综合防治作出具体规定。⑤强化重点区域联防联控和重污染天气应对。推行区域大气污染联合防治,要求对颗粒物、二氧化硫、氮氧化物、挥发性有机物、氨等大气污染物和温室气体实施协同控制,对建立重污染天气监测预警体系作出明确规定。⑥充分体现了信息公开和公众参与。秉承新《环保法》强化信息公开和公众参与的立法思路,《大气污染防治法》要求信息公开的表述有 11 处规定。⑦加大了处罚的力度。新的《大气污染防治法》的条文有 129 条,其中法律责任条款就有 30 条,规定了大量的具体的有针对性的措施,并有相应的处罚责任。具体的处罚行为和种类接近 90 种,提高了这部新法的操作性和针对性。

自 2013 年 9 月国务院发布"大气十条",打响蓝天保卫战以来,全国空气质量总体改善,重点区域明显好转。2017 年,全国地级及以上城市 PM10 比 2013 年下降 22.7%,京津冀、长三角、珠三角等重点区域 PM2.5 分别比 2013 年下降 39.6%、34.3%、27.7%;珠三角区域 PM2.5 平均浓度连续三年达标。①当前,我国大气污染防治工作已经进入攻坚期,传统煤烟型污染与 PM2.5 污染等新老环境问题并存,生产与生活、城市与农村、工业与交通环境污染交织,末端治理减排空间越来越小,环境压力居高不下。党的十九大报

---

① 《环境保护部 2018 年 2 月例行新闻发布会实录》,生态环境部网,http://www.zhb.gov.cn/gkml/hbb/qt/201802/t20180227_431875.htm。

告要求："坚持全民共治、源头防治,持续实施大气污染防治行动,打赢蓝天保卫战。"蓝天保卫战要完成大气污染治理任务:到 2020 年,全国 338 个地级城市空气质量优良天数比率必须达到 80%以上,这意味着以 2015 年为基数,未达标城市 PM2.5 浓度要平均下降 18%。[①]

根据亚洲清洁空气中心发布的《大气中国 2022:中国大气污染防治进程》报告显示,2022 年,168 个重点城市的六项标准污染物年评价浓度均达到我国《环境空气质量标准》要求。全国 339 个地级及以上城市平均优良天数比例达到 87.5%。重污染天数比率为 0.9%。通过"大气十条"和"蓝天保卫战"等政策的实施,空气质量的改善对经济增长的贡献显著。

为持续改善大气环境质量,满足人民群众的蓝天幸福感,大气污染治理的主攻方向要着力解决产业结构问题、能源结构问题、交通结构等问题,通过联防联控,更加有效应对重污染天气。具体到产业结构方面,重点是继续开展散乱污企业综合整治,淘汰落后产能并化解过剩产能,还有城区内重污染企业的搬迁等。在能源结构调整方面,重点是治理散煤,重点地区推行清洁取暖,持续推进重点地区的煤炭消费总量控制。在交通结构方面,重点是进行大宗物流由公路运输向铁路运输调整,并通过车油路联动措施提高机动车排放控制水平。只有通过深层次调结构,才有可能促进大气污染治理取得显著进展。

---

①　孙秀艳:《蓝天保卫战 打好更要打赢》,《人民日报》,2017 年 10 月 28 日。

（二）水污染治理

水是生命之源，是人类生存和发展的重要条件。随着中国经济的发展，工农业和生活用水量大，水污染也随之加重。近年来，中国水污染事件频发，水环境治理和水安全保障已成为中国当前最重要的任务之一。篇幅所限，笔者梳理了 2005—2017 年中国发生的 12 例典型重大水污染事件。

1.松花江重大水污染事件

2005 年 11 月 13 日，中石油吉林石化公司双苯厂苯胺车间发生爆炸事故。事故产生的约 100 吨苯、苯胺和硝基苯等有机污染物流入松花江。由于苯类污染物是对人体健康有危害的有机物，因而导致松花江发生重大水污染事件。2005 年 11 月 21 日，哈尔滨市政府向社会发布公告称全市停水 4 天，"要对市政供水管网进行检修"。哈尔滨市政府随即决定，于 11 月 23 日零时起关闭松花江哈尔滨段取水口，停止向市区供水，哈尔滨市的各大超市无一例外地出现了抢购饮用水的场面。11 月 23 日，国家环保总局向媒体通报，受中国石油吉林石化公司双苯厂爆炸事故影响，松花江发生重大水污染事件。

2.太湖蓝藻污染事件

2007 年 5 月，江苏太湖爆发严重的蓝藻污染，造成无锡全城自来水污染，生活用水和饮用水严重短缺，商店里的桶装水被抢购一空。无锡水污染事件主要是由于水源地附近蓝藻大量堆积，厌氧分解过程中产生了大量的 NH_3、硫醇、硫醚以及硫化氢等异味物质。[①]据中央电视台新闻频道于 6 月 3 日播出的"无锡蓝藻重灾未除，企业排污不断"报道，位于太湖西侧的宜兴一

---

① 《2017，太湖面临蓝藻压力！》，搜狐网，http://www.sohu.com/a/149256592_660355。

些企业仍然直接向太湖排放污水,画面触目惊心。①在全社会的关注下,江苏省政府开展了无锡太湖专项整治行动,提出 2010 年前关闭无锡规模以下中小型化工企业 1942 家。②

3.云南阳宗海砷污染事件

阳宗海位于昆明市和玉溪市的交界处,是云南九大高原湖泊之一,不仅为沿湖群众提供生活用水,而且是集工农业生产、渔业、旅游业等产业发展为一体的多功能性湖泊。2008 年 6 月,环保部门发现阳宗海水体中砷含量出现异常之后,立即展开了调查。根据云南省环境保护局《关于阳宗海水污染事件及治理情况的通报》披露,云南澄江锦业工贸有限责任公司是造成阳宗海水体污染的主要源头之一。③2009 年 6 月 2 日上午,云南澄江县法院对阳宗海砷污染刑事案件进行公开宣判, 判决认定被告单位云南澄江锦业工贸有限责任公司犯重大环境污染事故罪,判处罚金人民币 1600 万元;被告人李大宏犯重大环境污染事故罪,判处有期徒刑 4 年,并处罚金人民币 30 万元;被告人李耀鸿、金大东犯重大环境污染事故罪,各判处有期徒刑 3 年,并处罚金人民币 15 万元。④阳宗海水体砷污染事件发生后,云南省政府启动行政问责程序,成立调查专案小组追究污染事件相关人员责任。因该事件被问责的相关人员达 26 人,其中厅级干部 2 人,处级干部 9 人,其他干部 15 人。⑤

①　《无锡太湖排污事件引环保风暴 5 官员失职被处分》,搜狐网,http://news.sohu.com/20070611/n250493625.shtml。

②　《无锡年内关闭 772 家化工厂 断太湖污染根源》,搜狐网,http://news.sohu.com/20070620/n250668569.shtml。

③　储皖中:《云南阳宗海污染事件始末》,新浪网,http://news.sina.com.cn/c/2009-09-21/142918694908.shtml。

④　李映青:《阳宗海砷污染案件一审判决》,中国日报网,http://www.chinadaily.com.cn/zgzx/2009-06/03/content_7966603.htm。

⑤　李映青:《云南阳宗海砷污染事件回放》,中国日报网,http://www.chinadaily.com.cn/dfpd/2009-06/03/content_9169588_2.htm。

4.赤峰水污染事件

2009 年 7 月 23 日,内蒙古赤峰市新城区发生强降雨,暴雨污水侵入饮用水源井导致污染。据赤峰市卫生部门介绍,经 26 日采集水样,新城区 9 号水源井总大肠杆菌群、菌落总数严重超标,同时检出沙门氏菌,是导致此次水污染事件的主要原因。赤峰市卫生局统计显示:截至 8 月 2 日,赤峰市新城区自来水污染事件已致 18 个居民小区累计 4322 人就医, 治愈近 4000人。尚无重症病例和死亡病例。①赤峰市建设委员会党组书记、党组成员、松山区建设局局长、党委委员,区建设局市政工程处、宝山污水泵站主要负责人和相关责任人被免职。②

5.紫金矿业废水外渗污染福建汀江事件

2010 年 7 月 12 日下午,福建省环保厅通报称,紫金矿业集团公司旗下紫金山铜矿湿法厂污水池发生渗漏,致使汀江河局部水域受到铜、锌、铁、镉、铅、砷等的污染,部分江段出现死鱼(仅棉花滩库区死鱼和鱼中毒约达378 万斤)。渗漏事故原因主要是持续强降雨致使溶液池区域内地下水位迅速抬升,超过污水池底部标高,造成上下压力不平衡,形成剪切作用,致使污水池底垫多处开裂,从而造成污水池渗漏,废水渗漏量为 9100 立方米,③上杭县城区部分自来水厂停止供水 1 天。2010 年 7 月 16 日,用于抢险的 3 号应急中转污水池又发生泄漏,泄漏含铜酸性废水 500 立方米,再次对汀江水质造成污染。福建省龙岩市新罗区人民法院一审判决、龙岩市中级人民法院

---

① 《内蒙古赤峰水污染事件调查:天灾还是责任事故》,凤凰网,http://finance.ifeng.com/huan-bao/gtfw/20090804/1036857.shtml。

② 《赤峰水污染问责建委书记掉乌纱》,网易网,http://news.163.com/09/0806/14/5G1PGRAN000
120GR.html。《赤峰水污染事件问责 松山区建委数名官员被免职》,搜狐网,http://news.sohu.com/
20090806/n265771829.shtml。

③ 《紫金矿业 9100 立方米废水外渗引发汀江流域污染》,中央人民政府网,http://www.gov.cn/
jrzg/2010-07/13/content_1652276.htm。

二审裁定认为:被告单位紫金山金铜矿违反国家规定,未采取有效措施解决存在的环保隐患,继而发生了危险废物泄漏至汀江,致使汀江河水域水质受到污染,后果特别严重。被告人陈家洪(2006年9月至2009年12月任紫金山金铜矿矿长)、黄福才(紫金山金铜矿环保安全处处长)是对该事故直接负责的主管人员,被告人林文贤(紫金山铜矿湿法厂厂长)、王勇(紫金山铜矿湿法厂分管环保的副厂长)、刘生源(紫金山铜矿湿法厂环保车间主任)是该事故的直接责任人员,对该事故均负有直接责任,其行为均已构成重大环境污染事故罪。据此,综合考虑被告单位自首、积极赔偿受害渔民损失等情节,以重大环境污染事故罪判处被告单位紫金山金铜矿罚金人民币三千万元;被告人林文贤有期徒刑三年,并处罚金人民币三十万元;被告人王勇有期徒刑三年,并处罚金人民币三十万元;被告人刘生源有期徒刑三年六个月,并处罚金人民币三十万元。对被告人陈家洪、黄福才宣告缓刑。①

6.云南南盘江铬渣水污染事件

2011年4月下旬,刘某(麒麟区越州镇人)、吴某(麒麟区三宝镇人)、王某(陆良化工实业有限公司职工)在知道铬渣有毒的情况下,共谋从陆良化工实业有限公司转运铬渣赚取运费,倾倒在麒麟区土地上的5200多吨铬渣经雨淋后渗透出"六价铬"等有毒物质,污染了三宝镇张家营村委会弯子村外低洼处雨后形成的100余立方米积水,直接导致两农户家的数十头牲畜

---

①　《最高法院公布四起环境污染犯罪典型案例》,载中国法院网,http://www.sohu.com/a/113318561_467160。

饮用该积水后死亡；倾倒在越州镇寨上村后山秦家坟土路两侧的铬渣,在雨淋后渗透出的有毒物质融入雨水流入叉冲水库,造成水土污染。污染事件发生后,铬渣污染南盘江,导致珠江流域的民众社会恐慌,如有新闻报道"云南现铬污染? 铬可诱发人体癌致死水生生物"[1],"曲靖铬渣致污调查 30 村民喝污染水患癌"[2]等。曲靖市按照环保部和省环保厅的要求启动治理修复,对被污染的非法倾倒场地开展环境风险评估、编制治理修复方案并落实治理责任和资金等各项工作。曲靖市政府就南盘江铬污染事件处置举行新闻通报会。2012 年 5 月 15 日上午,曲靖市麒麟区人民法院法庭公开庭审,7 人因污染环境罪一审获刑,刘某、吴某、王某被判处有期徒刑 4 年,并各处罚金人民币 5 万元。

7.广西龙江镉污染事件

2012 年 1 月 15 日(农历龙年春节),广西龙江河拉浪水电站网箱养鱼出现少量死鱼现象被网络曝光,其时正值,龙江河段检测出重金属镉含量超标,使得沿岸及下游柳州市 370 万居民饮水安全遭到严重威胁。调查显示,广西金河矿业股份有限公司通过岩溶落水洞将镉浓度超标的废水排放入龙江河;金城江鸿泉立德粉材料厂厂内建有 10 多个大储液罐,将含有高浓度镉、砷、锌等重金属的强酸性废液暂存于储液罐,利用溶洞非法排放含高浓度镉污染物的废水,并将设有暗管的地下溶洞用钢筋混凝土盖板掩盖,规避监管。[3]1 月 26 日,柳州市处置龙江河突发环境事件应急指挥部发布"关于禁

---

① 《云南现铬污染 铬可诱发人体癌致死水生生物》,人民网,http://env.people.com.cn/GB/15429 846.html。

② 《曲靖铬渣致污调查 30 村民喝污染水患癌》,搜狐网,http://news.sohu.com/20110818/n31668 7476.shtml。

③ 《两家与龙江镉污染有直接关系违法企业已被查实》,央视网,http://jingji.cntv.cn/20120203/ 121018.shtml。

止取用柳江露塘断面以上受污染河段河水作为饮用水的紧急通知"。事发后,为降低污染影响,柳州市人民政府经专家论证确定采取河道除镉、调水稀释及水厂处理等措施处置龙江镉污染。截至2月6日14时环保部门监测数据,柳江各断面水质均达标,饮用水源水质符合国家标准。[1]事发后,自治区纪委、监察厅迅速会同有关部门和单位组成调查组展开调查,依据有关法律法规和相关条例,对河池市政府及有关部门、相关责任人在履行职责方面存在失职、渎职行为作出严肃处理:河池市金城江区环保局党组成员、环保监察大队大队长蓝群峰,金城江区环保局环保监察大队副大队长韦毅,河池市环保局党组书记、局长吴海惫,河池市金城江区政府党组成员、副区长韦太高,河池市金城江区区委副书记、区长韦永福,河池市政府党组成员、副市长李文纲等9名官员分别被撤销党内职务、行政撤职处分,行政记大过,行政记过等处分。[2]2013年7月16日上午,河池市金城江区法院对龙江镉污染事件10名企业责任人作出一审判决:金河矿业股份有限公司犯污染环境罪判处罚金人民币100万元,3名责任人分别被判处有期徒刑3年,缓刑4年至3年不等。鸿泉立德粉材料厂7名相关责任人分别被判处有期徒刑5年至3年不等。

8.贺江水污染事件

2013年7月1日—5日,贺江贺街至合面狮水域陆续出现死鱼现象。7月6日,贺州市官方回应称:贺州市(贺江上游)与广东省(贺江下游)交界断面扶隆监测点水质镉超标1.9倍,铊超标2.14倍。6日,广东肇庆市封开县政府向贺江、西江沿线下游群众和自来水厂发出紧急通知,停止饮用贺江受污

---

[1]　《广西龙江镉污染得到控制 浓度峰值降至超标8倍》,腾讯网,https://news.qq.com/a/2012020
06/001208.htm。

[2]　《广西镉污染九官员被处分 两违法排污企业被查实》,腾讯网,https://news.qq.com/
a/20120204/000111.htm。

染水源、不要食用贺江鱼类等水产品;肇庆市、封开县两级政府启动应急预案,成立水质监测、饮用水保障、卫生医疗、社会维稳、新闻发布等多个工作组开展紧急处理。6日16时20分,新华网地方频道发布文章《广西贺州市发生水体污染事件》,6日晚间,中新网发布文章《广西贺江水污染事件镉超标1.9倍 铊超标2.14倍》,这2篇新闻报道被人民网、凤凰网、网易等网络媒体转发,舆情关注度在7日到达峰值。①经事故原因调查专家组调查认定,广西贺州市汇威选矿厂铟生产线违法排污与贺江水污染事件有直接因果关系,是本次事件的主要责任污染源②,严重威胁了贺江下游群众的饮水安全。贺州市副市长闭海东、夏振林等32人受到责任追究,其中31名相关责任人员受党政纪处分,4人被移送司法机关③。2014年6月9日,广西贺州市八步区人民法院对贺江水污染系列案中的职务犯罪案件一审宣判,原贺州市环境保护局平桂分局局长莫思坚、环境监察大队队长唐传城因环境监管失职罪分别被判处有期徒刑二年和一年六个月。

9.甘肃兰州自来水苯超标事件

2014年4月11日12时左右新华社发布消息称:4月10日17时兰州威立雅水务集团公司出厂水自来水苯含量高达118微克/升,远超出国家限值的10微克/升。水样被曝检测出苯含量严重超标,导致当地出现了抢水潮,给民众生活带来很大困扰和不便。④据调查,兰州自来水苯超标是中国石油

---

① 朱明刚:《广西贺江水污染事件舆情分析》,人民网,http://yuqing.people.com.cn/n/2013/0711/c210118-22166889.html。

② 《广西贺江水污染事件:原环保局局长获刑两年》,中国新闻网,http://www.chinanews.com/fz/2014/06-09/6260634.shtml。

③ 蒋雪林:《广西贺江水污染事件32人被追责 两副市长遭记过》,人民法院网,https://www.chinacourt.org/article/detail/2014/01/id/1202362.shtml。

④ 《兰州自来水苯含量超标事件》,每日甘肃网,http://gansu.gansudaily.com.cn/system/2014/04/16/014972247.shtml。

天然气公司兰州石化分公司的管道泄漏污染了供水企业的自流沟，导致兰州自来水苯超标。[①]经专家论证、调查组认定，决定对兰州市政府及相关部门、西固区政府、兰州威立雅水务公司、兰州石化公司20名相关负责人进行追责。其中，给予兰州市副市长严志坚行政警告处分；给予兰州市建设局局长冯乐贵撤销党内职务、行政撤职处分；给予兰州威立雅水务公司董事长姚昕撤销党内职务、行政撤职处分；对法方提名的兰州威立雅水务公司总经理贾庆红，责成解聘总经理职务；对兰州石化公司副总经理、安全总监王世宏给予行政警告处分。同时，责成兰州威立雅水务公司、兰州石化公司对相关责任人作出经济处罚；责成兰州威立雅水务公司、兰州石化公司、兰州市政府及相关部门、西固区政府作出深刻检查；责成中国石油天然气集团公司汲取教训，督促兰州石化公司尽快彻底切断污染源，消除安全隐患，并承担相关费用。[②]

10.广东练江水污染事件

环保部华南环保督查中心于2015年6月—9月对揭阳市开展了环保综合督查。环保部通报称，揭阳市水污染防治工作力度不足。练江揭阳（普宁）段大多为黑臭水体，污染严重，长期未得到改善，流域内产业结构不合理，纺织印染等高耗水、高排污型中小企业众多，偷排废水、非法处置污泥等问题突出。饮用水水源地安全存在较大隐患，部分水源保护区内有采砂、垃圾堆放点以及畜禽养殖等违法项目，重要饮用水水源地榕江南河未达到环境功能区划水质目标，两岸有养殖废水、生活污水和工业废水直排或通过灌溉渠

① 张鹏、马富春：《兰州自来水苯超标的真相是什么》，《中国青年报》，2014年4月13日。

② 侯若志：《兰州市公布自来水苯超标事件处理结果20名相关责任人受到严肃处理》，甘肃政务服务网，http://www.gansu.gov.cn/art/2014/6/13/art_35_180190.html。

排入河流,严重影响水源地水质。①据环保部门监测,练江干流中高锰酸盐指数、化学需氧量、氨氮、总磷等八个监测因子严重超标,其中氨氮长年维持在10毫克每升,最大值达到 28.5 毫克每升,远远超过了 1 毫克每升的地表水Ⅲ类正常水质标准;化学需氧量平均维持在 100 毫克每升,最大值达到 184毫克每升,大大超过20毫克每升的标准值。②2015 年 6 月 24 日,广东省环境保护厅发布并实施《关于练江流域水环境综合整治方案(2014~2020 年)》。通过积极实施产业集聚、环保基础、河道整治、水源涵养、监管能力等五大类工程项目,不断提升练江水污染治理水平。2016 年,练江流域水质止住持续恶化的势头,练江干流(汕头段)综合污染指数在 2016 年均值为 1.58,比 2015年下降37%。练江青山洋桥交接断面 2016 年的化学需氧量、氨氮、总磷比2015 年分别下降了 47.8%、33.7%、65.2%,污染势头得到基本控制。③

11.安徽池州化工园剧毒污水直排长江事件④

2016 年 6 月 17 日,央视报道安徽池州通河(地处长江南岸)致癌物"苯"的含量超标 136 倍。黑色剧毒污水直排长江,河水浇灌植物,植物被毒死,牲畜无法饮用。6 月 18 日, 央视报道池州市委市政府要求香隅工业园立整立改,启动对排污企业的问责。⑤据报道,池州市委市政府要求东至县立即作出整改:37 家化工企业全面开展自查整改,8 家涉苯企业停产整顿;加快园区

---

① 崔烜:《广东练江黑臭遭环保部通报 曾影响上百万人饮水》,澎湃新闻网,https://www.thepaper.cn/newsDetail_forward_1417439。

② 《2015 年中国水环境污染大事件盘点》,中国水网,http://www.h2o-china.com/news/234465.html。

③ 蒋臻:《经多年整治,练江水质好转了吗?》,《南方都市报》,2017 年 7 月 21 日。

④ 《安徽池州:通河水被污染无法灌溉 化工园污水苯超标百倍直排长江》,央视网,http://news.cntv.cn/2015/06/17/VIDE1434530644323776.shtml。

⑤ 《安徽池州香隅化工园排污导致河流被污染:香隅化工园所有企业被要求整改》,央视网,http://tv.cctv.com/2015/06/18/VIDE1434607684093180.shtml。

雨污分流治理工程进度;聘请第三方监测机构对排污企业开展环评检测;针对问题,立即启动问责机制,对构成刑事犯罪的,移送司法机关。

12.嘉陵江水质铊超标事件

据中国之声《新闻纵横》报道,2017 年 5 月 5 日,四川省广元市环境保护局官方微博"广元环保"发布的一则"关于嘉陵江水质铊超标应急处置情况通报"引发各方关注。据广元市环境监测中心站监测数据显示,嘉陵江入川断面出现水质异常,西湾水厂水源地水质铊元素超标 4.6 倍,远远超出了国家地表水环境质量 0.0001mg/L 的标准,对百姓用水安全造成严重威胁。水污染发生后,广元市立即采取了净水处理、泄洪和加密监测等应急措施,西湾水厂随即停产,广元市城区出现大面积停水。据调查,嘉陵江水质铊超标事件的污染源是陕西汉中某锌业铜矿有限责任公司,公司经理等 9 名涉嫌违法人员移交公安机关,其中 4 人因涉嫌环境污染犯罪被正式批捕。[①]

这些水污染事件,有些是工业废水中的重金属物质超标对水体造成严重危害,有些则是由农业污染或是生活污染所致。业内专家表示,中国正处于水污染治理攻坚阶段,是世界上水污染治理"最活跃"的国家。[②]近年来,我国城市化进程中"大城市"病中的水体污染问题日益凸显,社会公众对改善水体污染的呼声日益强烈。根据《"十三五"污水处理及再生建设》意见,"十三五"期间,我国需整治 1992 个城市黑臭水体,总长度 5904 千米,其中地级及以上城市黑臭水体治理中控源截污涉及的设施建设投资约 1700 亿元。住建部数据显示,全国 295 座地级及以上城市中,有超过七成的城市存在黑臭

---

① 杜江茜:《环保部通报嘉陵江(广元段)铊污染处置:汉中锌业铜矿 9 责任人移送警方》,封面新闻网,https://m.thecover.cn/news_details.html? from=iosapp&id=375011。

② 冯玉婧:《专家称中国水污染治理全球"最活跃"》,央广网,http://news.cnr.cn/native/gd/20180121/t20180121_524106790.shtml。

水体,总认定数高达 2014 条,尚未完成治理河道长度 7200 千米。①2016 年 12 月,国务院印发《关于全面推行河长制的意见》,而后各省市陆续出台推行"河湖长制"的实施意见。所谓"河长制"即是由各级党政主要负责人担任"河长",统筹负责辖区内河湖的污染治理,落实属地责任,实施源头治理。"河长制"优势在于,环保追责明确到地方党政一把手,消除多头治水弊端。

新修订的《中华人民共和国水污染防治法》于 2018 年 1 月 1 日起正式施行,以更大力度加强对水环境的保护。在此次修订的水污染防治法中,重大修改达 55 处,对防治水污染、保护和改善环境、饮用水安全以及排污许可制度等方面都进行了细化,新版《中华人民共和国水污染防治法》修订的主要亮点:①加强对违法行为的处罚力度。对无证或不按证排放、超标或超总量排放等违法行为,将责令改正或者责令限制生产、停产整治,情节严重的将面临十万元以上一百万元以下的罚款;提高了对向水体排放油类、酸液、碱液等违法排污行为的罚款金额。②首次引入了"河湖长制",明确规定"省、市、县、乡建立河长制,分级分段组织领导本行政区域内江河、湖泊的水资源保护、水域岸线管理、水污染防治、水环境治理等工作"。③为保障饮用水安全,要建立风险评估调查制度,预防风险;单一供水的城市要建立应急水源和备用水源,或者建立区域联网供水;对农村有条件的地方要求集中供水;要加强信息公开的力度,要求供水单位应当加强监测,对入水口和出水口都要加强监测,地方政府每个季度至少公布一次饮用水水安全信息。④对保障水污染物排放监测数据的真实性和准确性做出有针对性的规定,增加了对于禁止数据作假的明确规定。⑤进一步加强农业农村水污染防治措施,明确规定:要对农村的污水和垃圾进行集中处理;在制定农药、化肥的质量标准

---

① 《"河长制"实施细则落地 黑臭水体治理迎机遇》,新华网,http://www.xinhuanet.com/fortune/2017–02/15/c_1120467256.htm。

和使用标准时,应当适应水环境保护要求;明确禁止工业废水和医疗污水向农田灌溉渠道排放;指导农业生产者科学、合理地施用化肥和农药,推广测土配方施肥技术和高效低毒低残留农药,控制化肥和农药的过量使用,防止造成水污染。①

(三)土壤污染治理

2005—2013 年我国首次开展的土壤污染状况调查结果表明, 全国土壤环境状况总体不容乐观,部分地区土壤污染较重。全国土壤总的点位超标率为 16.1%,耕地超标点位为 19.4%,土壤污染已成为亟须解决的重大环境问题和全面建成小康社会的突出问题。②国土资源部统计表明,目前全国耕种土地面积的 10%以上已受重金属污染。环保部南京环科所研究员单艳红调研发现,华南部分城市约有一半的耕地遭受镉、砷、汞等有毒重金属和石油类有机物污染;长三角有的城市连片的农田受多种重金属污染,致使 10%的土壤基本丧失生产力,成为"毒土"。③南京农业大学潘根兴教授认为,我国土壤污染除了日益普遍的重金属污染,还有以点状为主的化工污染、塑料电子废弃物污染及农业污染等。2013 年 1 月 23 日,国务院办公厅印发的《近期土壤环境保护和综合治理工作安排的通知》指出,已被污染地块改变用途或变更使用权人的,应按照有关规定开展土壤环境风险评估,并对土壤环境进行治理修复,未开展风险评估或土壤环境质量不能满足建设用地要求的,有关部门不得核发土地使用证和施工许可证。经评估认定对人体健康有严重影

---

① 《"最严"制度牢筑水清岸绿 2018 水环境治理再升级》,环保在线网,http://www.hbzhan.com/news/Detail/123115.html。

② 付莎:《全面构建我国土壤污染防治法律制度》,《吉林人大》,2017 年第 6 期。

③ 《中国大地污染现状严峻 每年导致粮食减产 100 亿公斤》,中国网,http://www.china.com.cn/news/2012-06/11/content_25613711.htm。

响的污染地块,要采取措施防止污染扩散,治理达标前不得用于住宅开发。近年来,我国湖南浏阳、常州外国语学校、武汉某小区等"毒地"污染事件引起社会舆情关注。

典型个案:常州外国语学校毒地污染事件

江苏常州外国语学校搬迁新址后,493 名学生先后被检查出皮炎、血液指标异常等情况,个别学生查出患有淋巴癌等。而学校附近正在开挖的地块上曾是三家化工厂,学生们的身体异常情况疑与化工厂"毒地"相关。学生家长们在常州外国语学校门前手举"救救孩子们"的牌子,并拉起"远离毒地"的横幅。[①]2016 年 1 月 4 日,新华网最早介入该事件新闻报道;2 月 29 日,张嫣在《财新周刊》(2016 年第 8 期)上以《名校与"毒地"为邻》为题发表新闻报道指出,"江苏常州一农药厂旧址被证实为污染土地,且地下疑有危险废物。一路之隔的常州外国语学校新校区 2400 余名学生,面临去不去上学的残酷选择"[②];4 月 17 日,常外"毒地"污染事件被中央电视台曝光。事发后,国务院教育督导委员会派出督导组,并与环保部、江苏省政府联合对"常外校事件"进行了调查。8 月 26 日,常州市政府晚通报"常州外国语学校污染事件"(下称"常外校事件")调查结果,常外校的环境是安全的;鉴于"常隆地块"的施工和监管存在污染土壤和地下水风险问题,对新北区(与常州高新区合署办公)原副区长陆平、常州市教育局局长丁伟明等 10 名干部给予党纪、政纪处分,对事发地新北区政府给予通报批评,责成其作出深刻检查,并加强对污染地块修复过程的环境监管,尽快将其建成生态公园,确保达到治理

---

① 《六问常州外国语学校"毒地"事件》,新华网,http://www.xinhuanet.com/politics/2016-04/19/c_128906022.htm。

② 张嫣:《名校与"毒地"为邻》,《财新周刊》,2016 年第 8 期。

要求。[1]

典型个案：华北工业渗坑污染事件

2017年4月18—20日，有媒体报道了"华北现工业污水渗坑"的报道[2]，引发社会广泛关注。环境保护部和河北省政府联合开展现场调查初步查明，廊坊市大城县渗坑污染问题基本属实。[3]针对媒体刊发的"天津市静海区西翟庄镇佟家庄村15万平方米渗坑污染"报道，静海官方20日回应称，报道所指渗坑，实际位于静海区唐官屯镇佟家庄村，为20世纪70年代初砖瓦厂取土形成。由于历史原因，部分坑塘被污染，多为倾倒废酸或偷排污水所致，静海区举一反三迅速推进渗坑污染治理。[4]据天津市环保局介绍称，2013年天津全市范围内摸底排查出92个渗坑，其中静海区有18个，被曝光的佟家庄村15万平方米渗坑就是其中之一。2013年底，静海区启动了对18个渗坑的治理工作，2014年11月完成治理及验收工作，被曝光的渗坑出现反弹回潮。针对渗坑反弹回潮问题，2016年7月静海区政府决定对历年偷排偷倒废酸、工业废物所致的渗坑开展深度科学治理，共排查佟家庄3号坑、台头镇三堡村1号坑、台头镇中二堡村坑塘等工业污染坑塘34个，2017年底应当完成治理，并经过验收达标后正式纳入日常管护，并确保不反弹。[5]2017年4月下

---

① 《重磅！"常州外国语学校事件"调查结果公布（附常州通报全文）》，搜狐网，https://www.sohu.com/a/112420620_383714；《常州外国语学校污染事件通报：10官员被处理》，环球网，https://china.huanqiu.com/article/9CaKrnJXiEm。

② 据微信公号"两江环保"（ID：hp_gzcy）消息，两江在华北地区开展工业污染调查期间，在河北、天津等地发现超大规模的工业污水渗坑，这批渗坑面积大，存续时间长，或已对当地的地下水安全造成严重的威胁。

③ 《环保部：河北大城县渗坑污染问题基本属实》，中华网，http://news.china.com/domestic/945/20170419/30438199.html。

④ 《天津静海官方回应"渗坑污染"：多为倾倒废酸或偷排污水所致》，澎湃新闻网，https://www.thepaper.cn/newsDetail_forward_1667118。

⑤ 《静海区年底完成"渗坑"治理 "坑长"确保污染不反弹》，搜狐网，https://www.sohu.com/a/197646677_99958329。

旬,公安部将静海区唐官屯镇佟庄子村工业渗坑污染列为部督案件。公安静海分局成立专案组,与静海区环保部门协同作战,通过搜集固定证据等刑侦手段,严格排查附近已停产的涉酸污染企业,确定静海区人赵某某(男,62岁)、张某某(男,41岁)、赵某(男,64岁)、薛某某(男,64岁)和河西区人杜某某(男,62岁)等人有重大作案嫌疑。经审讯,5名犯罪嫌疑人如实供述了向佟家庄村渗坑内倾倒废酸的犯罪事实。7月26日,5名犯罪嫌疑人因涉嫌污染环境罪被公安静海分局依法刑事拘留。①

法院经审理查明,自2012年底至2014年初,被告单位天津市某化工销售有限公司在经营期间,公司法定代表人关某某及股东杜建某(另案处理)等人指使安排该公司员工被告人张某某、薛某某、赵某苓、赵某云、杜春某等人,将回收的企业废酸偷排至天津市静海区港团河及唐官屯镇佟庄子砖厂方坑内。其中,2013年间,关某某、杜建某等人先后两次组织、指使被告人张某某、薛某某、赵某苓、赵某云、杜春某等人铺设地下暗管,并将回收的500余吨工业废酸,通过该暗管排放至佟庄子砖厂方坑内,造成环境污染。法院认为,被告单位天津市某化工销售有限公司在未取得危险废物经营许可证的情况下,非法倾倒危险废物,严重污染环境,其行为构成污染环境罪,后果特别严重;被告人关某某、张某某、薛某某、赵某苓、赵某云、杜春某、付某某,其行为亦构成污染环境罪。2018年12月27日,天津市静海法院依法公开开庭,对天津市某化工销售有限公司、关某某、张某某、薛某某、赵某苓、赵某云、杜春某、付某某污染环境案作出一审宣判。对被告单位天津市某化工销售有限公司判处罚金人民币五十万元;对关某某判处有期徒刑五年六个月,

---

① 《天津静海成功侦破静海渗坑废酸环境污染案》,央广网,http://www.cnr.cn/tj/jrtj/20170803/t20170803_523883856.shtml。

并处罚金人民币十万元；对张某某、薛某某、赵某苓、赵某云、杜春某分别判处有期徒刑一年六个月，并处罚金人民币三万元；对付某某判处有期徒刑六个月，并处罚金人民币一万元。①

2012年6月《经济参考报》推出"大地之殇"系列报道，深度报道我国土壤污染问题。②据《大地之殇一·黑土地之悲》报道，东北三省黑土区的黑土层在近50年中减少了50%，几百年才形成一厘米的黑土层正以每年近一厘米的速度消失。照此速度，部分黑土层或将在几十年后消失殆尽，东北这一中国最大粮仓的产能也将遭受无法挽回的损失。据《大地之殇二·种植业之哀》报道，中国科学院植物研究所首席研究员蒋高明认为，大棚里种不出有机蔬菜，因为大棚本身就是用农药、化肥、农膜"制造"出来的"有毒的"微环境。设施蔬菜栽培改变了蔬菜的生物学本性，这是一条死胡同：为了打破四季交替规律种菜，就必须使用大量农膜、农药、化肥，而这又势必对土壤、水体造成污染，污染之后又需要进一步加大化肥、农药的用量，在更大程度上造成污染，形成"鸦片式治疗"的恶性循环。据《大地之殇三·重金属之痛》报道，重金属无论是污染水体，还是污染大气，最终都会回归土壤，造成土壤污染。我国土壤重金属污染已进入一个集中多发期。土壤中的重金属污染物主要是镉、

① 李晓玲：《天津静海法院依法对"唐官屯渗坑案"一审公开宣判》，《民主与法制时报》，2019年1月10日。

② 《"大地之殇"系列报道》，经济参考网，http://www.jjckb.cn/2012-06/12/content_381015.htm。

砷等,尤以镉的污染最为严重,土壤镉的超标率高达 64%。据《大地之殇四·治理之困》报道,北京环境保护科学研究院研究员彭应登指出,目前我国土壤污染防治面临的形势十分严峻,部分地区土壤污染严重,土壤污染类型多样,呈现新老污染物并存、无机有机复合污染的局面;由于缺乏土壤环境保护法,工业活动加重土壤复合型污染,缺乏土壤污染控制标准与土壤修复标准等造成土壤污染治理困局;政府应当承担起防治污染保护土壤环境的责任,克服片面追求 GDP 的冲动,制定相关环境规划和方案,规避和控制在先,追责治理在后,利用土地资源时应充分考虑对环境的影响,注意对土壤资源环境的保护,维护土壤自身的自净和修复能力。

土壤污染具有隐蔽性、滞后性、累积性和地域性,以及治理难、周期长等特点,导致土壤污染防治工作十分复杂。我国部分土壤污染防治措施规定在有关环境保护、固体废物、土地管理、农产品质量安全等法律中,但是比较分散,缺乏系统性,其针对性和可操作性不强,无法满足土壤污染防治工作的客观需要,使得土壤污染防治工作的效果并不尽如人意。2016 年 5 月印发实施的"土十条"明确提出,推进土壤污染防治立法,建立健全法规标准体系,到 2020 年,土壤污染防治法律法规体系基本建立。2018 年 8 月 31 日,《土壤污染防治法》经十三届全国人大常委会第五次会议全票通过并颁布。该法就土壤污染防治的基本原则、土壤污染防治基本制度、预防保护、管控和修复、经济措施、监督检查和法律责任等重要内容均做出了明确规定。该法以风险管控为主线,遵循科学规律,通过强化信用管理,提高违法成本,使土壤污染防治工作有了强有力的法制保障。[①]针对不同的土壤类型,《土壤污染防治法》将农用地根据优先保护类、安全利用类和严格管控类的标准,规定因地

---

① 于文轩、王若谷:《〈土壤污染防治法〉亮点分析》,《中华环境》,2018 年第 12 期。

制宜的风险管控措施。国家土壤污染风险管控标准体现了立法对科学规律的尊重。该法形成了一系列规范土壤污染防治和修复工作的法律制度,规定:在国家层面,生态环境部每十年至少组织开展一次全国土壤污染状况普查;在地方和行业层面,设区的市级以上地方人民政府生态环境主管部门和国务院有关部门与其相配合组织开展土壤污染状况详查。土壤污染状况普查和详查作为我国生态环境部门一项常规性的工作,有助于及时掌握土壤环境变化状况的动态过程。根据《土壤污染防治法》,国家实行土壤环境监测制度。国务院生态环境主管部门制定土壤环境监测规范,组织农业农村、自然资源、住房城乡建设、水利、卫生健康、林业草原等方面主管部门建设监测网络,规划统一的国家土壤环境监测站(点)的设置。《土壤污染防治法》规定,将从事土壤污染状况调查、风险评估、风险管控与修复及其效果评估、后期管理等工作的单位和个人的执业情况建立信用记录,统一纳入信用系统。相关违法信息也被记入诚信档案,并纳入国家企业信用信息公示系统和全国信用信息共享平台。《土壤污染防治法》还加重了违法者责任处罚的力度,增加了土壤污染责任人和土地使用权人的违法成本,在第八十六条规定了"违反本法规定,造成严重后果的,处二十万元以上二百万元以下的罚款"的违法后果。土壤污染防治法的出台,填补了我国环境污染防治法律,特别是土壤污染防治法律的空白,进一步完善我国环境保护法律体系,有利于将土壤污染防治工作纳入法制化轨道,以遏制当前我国土壤环境恶化的趋势。

党的十八大以来,以习近平同志为核心的党中央把生态文明建设作为统筹推进"五位一体"总体布局和协调推进"四个全面"战略布局的重要内容,坚决向污染宣战,全面打响蓝天、碧水、净土三大保卫战。新时代 10 年,在习近平生态文明思想引领下,污染防治攻坚向纵深推进,绿色、循环、低碳发展迈出坚实步伐,生态环境保护发生历史性、转折性、全局性变化。污染防治攻坚战阶段性目标任务圆满完成,在经济保持较高增速的同时,生态环境质量持续向好,人民群众生态环境获得感显著增强。

二、十年三轮中央生态环境保护督察成效显著

中央环保督察是一项由党中央和国务院共同发起,通过让地方党委成为地区环境保护的责任主体,从而实现对环境有效治理的一项制度。该项制度的性质是党委主导下的环境保护情况巡视制度,用"一岗多责"和"党政同责"的问责制度设计对地方政府和党委进行督促,通过"问责"倒逼地方政府和党委履行环境保护主体责任。通过巡视和群众举报,获取环境问题的相关线索并进行查证,将查证的一系列环境问题以反馈意见的形式反馈给当地政府,督促各地方政府对反馈的整改意见进行落实。督政的同时也对相关的责任主体进行问责,当地方出现重大环境问题时,对负有环保责任的相关领导进行问责,追究其法律责任或党纪责任。通过严格的责任追究制度,可以推动中央环保督察的有效运行,充分发挥我国环保督察的制度性优势。

中央生态环境保护督察制度自 2015 年建立实行以来,聚焦重大生态环境问题,坚持问题导向,持续传导压力,以督察整改为契机推动问题解决,对生态环境违法行为形成强大震慑,推动一批影响重大、久拖不决的难题得到破解,切实解决了一批群众身边的突出生态环境问题。中央生态环境保护督察开展以来,累计受理转办群众生态环境信访举报 28.7 万件,目前完成整改 28.5 万件,取得了"中央肯定、百姓点赞、各方支持、解决问题"的明显成效。①

---

① 刘毅:《中央生态环保督察成效综述:咬住问题不放松》,《人民日报》,2022 年 7 月 11 日。

第二章　环保督察以"党规＋国法"推进生态环境治理

（一）中央环保督察在全国各地刮起"环保风暴"

2015 年 7 月，中央全面深化改革领导小组第十四次会议审议通过了《环境保护督察方案（试行）》，环境保护督察制度开始走上了规范化的道路。经党中央、国务院批准，2015 年 12 月 31 日至 2016 年 2 月 4 日，中央环保督察试点在河北展开。大约两年时间，督察实现对全国 31 个省区市的全覆盖。2018 年起，又对其中 20 个省份进行了督察"回头看"。2019 至 2022 年，第二轮中央生态环境保护督察分六批完成了对 31 个省（区、市）和新疆生产建设兵团、两个国务院部门和 6 家中央企业的督察。第二轮中央生态环境保护督察整改方案共明确整改任务 2164 项。2023 年 11 月，第三轮第一批中央生态环境保护督察全面启动。组建 5 个中央生态环境保护督察组，分别对福建、河南、海南、甘肃、青海 5 个省份开展为期约 1 个月的督察进驻工作。第三轮督察工作重点关注习近平生态文明思想和习近平总书记重要指示批示贯彻落实情况；党中央、国务院有关重大决策部署落实情况；加快发展方式绿色转型、推动高质量发展情况，坚决遏制"两高一低"项目盲目上马和淘汰落后产能情况；区域重大战略实施中的突出生态环境问题；重大生态破坏、环境污染、生态环境风险及处理情况；环境基础设施建设和运行情况；此前督察发现问题整改情况；人民群众反映突出的生态环境问题；生态环境保护"党政同责""一岗双责"落实情况等。[①]"中央生态环境保护督察是习近平总书记亲自谋划、亲自部署、亲自推动的重大体制创新和重大改革举措"，近年

---

① 第三轮第一批中央生态环境保护督察全面启动，https://www.mee.gov.cn/ywgz/zysthjbhdc/dcjz/202311/t20231121_1056858.shtml。

来"取得了良好的政治效果、经济效果、社会效果和环境效果"①。

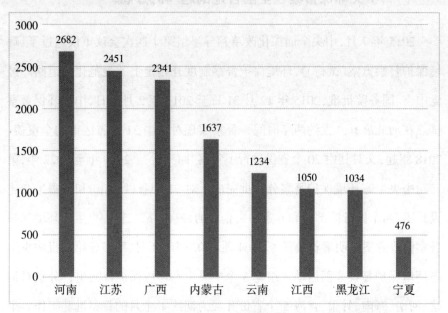

图 2-1　第一批中央环保督察中办结督察组转办的举报案件数量②

　　2016 年 7 月,第一批中央环境保护督察工作全面启动,8 个中央环境保护督察组进驻内蒙古、黑龙江、江苏、江西、河南、广西、云南、宁夏 8 个省、自治区开展环保督察工作。从图 2-1 的整体数据趋势可以看到第一批中央环保督察取得开局性胜利,从开始就奠定了严格责任追究、认真对待举报的环境问题的基调。以办结数量最多的河南省为例:在该省的督察活动中立案处罚 188 件,拘留 31 人,约谈 148 人,责任追究 1231 人。③认真对待举报的环境问题:发现不受重视的异味、扬尘问题,如南阳市生活垃圾填埋场异味问题,南阳卧龙区扬尘污染严重问题;总结河南省存在的整体性的问题,如环

　　① 《党的二十大新闻中心举行第五场记者招待会介绍建设人与自然和谐共生的美丽中国有关情况》,《中国环境报》,2022 年 10 月 24 日。

　　② 数据来源:中华人民共和国 2017 年生态环境保护部公报。

　　③ 朱殿勇:《中央第五环境保护督察组向我省反馈督察情况》,《河南日报》,2016 年 11 月 16 日。

境保护推进落实不够有力,不作为、慢作为问题比较突出。①从宏观上给予该地方政府以指导和督促,促使地方环境问题整体性解决,提高我国的生态文明保护水平。

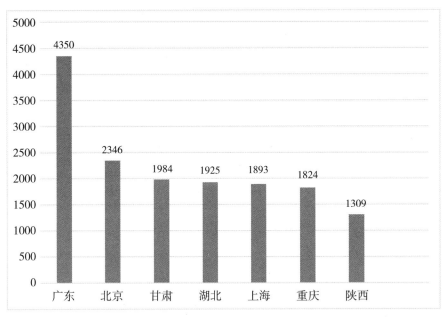

图 2-2　第二批中央环保督察中办结督察组转办的举报案件数量②

　　2016 年 11 月,第二批中央环境保护督察工作全面启动,对北京、上海、湖北、广东、重庆、陕西、甘肃 7 个省(市)开展环境保护督察工作。第二批中央环保督察工作继续保持第一批中央环保督察工作开创的工作基调,两批各省市案件数量整体持稳,中央环保督察工作不断推进。在这批环保督察工作中,环境问题表现较为突出的是广东省,工业发达的广东省在同批被督察的各省市之间办结环境案件的数量最多。这种现象一方面显示出广东省的

---

　　① 《河南省贯彻落实中央第五环境保护督察组反馈意见整改方案》,中华人民共和国生态环境部,http://www.mee.gov.cn/gkml/sthjbgw/qt/201704/t20170427_413044.htm? COLLCC=3486127296&。

　　② 数据来源:中华人民共和国 2017 年生态环境保护部公报。

各地方政府积极应对反馈意见,高效率地进行环境的整改工作;另一方面也展示出我国工业发展前期粗放式的经济发展方式所带来的弊端:工业发展的各种标准都缺少明确统一的规定、"散乱污"企业数量众多。2017 年 4 月 5 日,环境保护部宣布,对京津冀及周边传输通道"2+26"城市开展为期 1 年的大气污染防治强化督查。强化督查的内容包括:"散乱污"企业排查、取缔情况,错峰生产企业停产、限产措施执行情况,涉挥发性有机污染物企业治理设施安装运行情况等。①这次活动重点虽然在大气污染防治,但对"散乱污"企业进行了有效整改。面对众多"散乱污"企业的治理,广东省可以借鉴此项行动的方式和实践经验,对当地的环境问题进行综合治理。

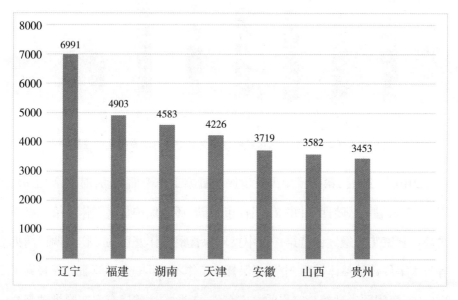

图 2-3　第三批中央环保督察中办结督察组转办的举报案件数量②

---

①　《环境保护部启动为期一年的大气污染防治强化督查 强化大气污染防治责任落实,推动大气环境质量持续改善》,中华人民共和国生态环境部,http://www.mee.gov.cn/gkml/sthjbgw/qt/201704/t20170405_409362.htm。

②　数据来源:中华人民共和国 2017 年生态环境保护部公报。

第二章 环保督察以"党规＋国法"推进生态环境治理

2017年4月,第三批中央环境保护督察工作全面启动,对天津、山西、辽宁、安徽、福建、湖南、贵州7个省(市)开展环境保护督察工作。第三批中央环保督察工作较第一、二批环保督察工作在数量上实现了一个质的飞跃,第一、二批的办结数量多在2000件左右,第三批的办结案件数量多在4000件左右。这样的数据增长展示了我国中央环保督察工作正在稳步推进,并且不断实现着突破。这批中央环保督察工作实现突破的原因很多,最主要的原因就是第一、二批中央环保督察切实查处问题,问责真实,责任追究严格,比如广东省约谈1252人,问责684人。①

第三批中央环保督察工作同样发现了不少问题。以天津市为例,督察反馈意见指出存在的主要问题有:①环境保护工作落实不够到位,存在开会传达多、研究部署少,口号多、落实少等问题;②大气环境治理仍显薄弱;③独流减河等水环境问题较为突出;④"散乱污"企业众多,在城乡结合部地区高度集聚等突出环境问题长期没有得到解决。②和生态环境保护部公告上其他省市的主要问题进行比较,可以发现中央环保督察小组对每个地区都进行了符合实际的地区问题发现和总结,有的放矢,侧重于推动各地区整体环境问题的解决,从而推动地区整体环境质量的提升,最终推动全国范围内环境质量的提高。

---

① 《中央第四环境保护督察组向广东省反馈督察情况》,中华人民共和国生态环境部,http://www.gdep.gov.cn/ztzl_1/zyhbdc/dcdt/201704/t20170413_222237.html。

② 《天津市对外公开中央环境保护督察整改方案》,天津政务网,http://www.tjhb.gov.cn/root16/mechanism/research_laborat/201712/t20171218_30570.html。

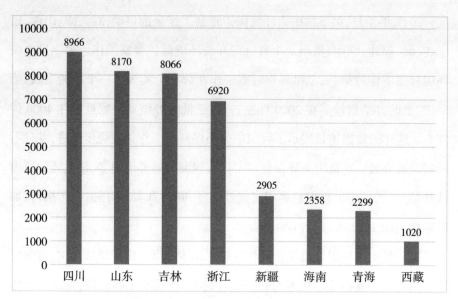

图2-4　第四批中央环保督察中办结督察组转办的举报案件数量①

　　2017年8月,第四批中央环境保护督察工作全面启动,对吉林、浙江、山东、海南、四川、西藏、青海、新疆(含兵团)开展督察进驻工作,实现了对全国各省(区、市)督察的全覆盖。第四批中央环保督察工作是一个完美的收尾,办结的案件数量最高的几个省份都在这批督察工作中,以吉林省为例,其按照边督边改要求, 督察组交办的8066件群众举报环境问题, 已办结7968件,其中责令整改3568家,立案处罚772家,罚款2248万元;立案侦查81件,拘留50人;约谈614人,问责1324人,②责任追究严格,问责真实,环境治理效率高。这样严格的责任追究在实践中也督促各地方政府积极进行省内环保督察。从四川省的环保公报可以看到,从2017年2月份开始,四川省在中央环保督察小组没有进驻前就率先自觉进行省内督察,自省自查,这是

---

　　①　数据来源:中华人民共和国2017—2018年生态环境保护部公报。

　　②　曹梦南:《中央第一环境保护督察组向吉林省反馈督察情况》,《吉林日报》,2017年12月28日。

值得赞扬的行为。①相比于从各地方抽调人员组成的中央环保督察小组，拥有长期当地工作经验的本地政府能够更快速地发现问题，从而高效率地解决问题。这些都显示了严格的责任追究是确保中央环保督察取得实效的重要因素。

党中央、国务院通过第一轮四批环保督察行动完成了对全国31个省（自治区、直辖市）的全面督察。第一批中央环保督察工作奠定了整体的工作基础，推动了第二批中央环保督察工作的开展。第三、四批中央环保督察工作借助第一、二批环保督察工作的工作成效而稳步推进，最终形成一股以中央权威为依托的强有力的环保风暴。另外，查看生态环境部的公告，可以看到这次环保督察的诸多闪光点：首先，每个地区的环境保护都具有地区特色。云南的环境保护侧重九大高原湖泊污染防治，内蒙古侧重草原生态保护，黑龙江侧重农业农村领域的污染治理，广东、广西则更加重视固体废物非法转移和处置等。其次，从形式上来说，督察方式多样。不仅有四批环保督察工作推进的常态督察，还有针对重点地区、重点行业、重点问题的专项督察，环境保护工作的监督具有了科学性和多样性。最后，中央环保督察行动实现督察任务，不仅推动了生态环境保护工作中监督管理体系的完善，也建立了地方党委政府对环境保护的责任体系。

环保督察工作解决环境问题的数据，给我们以环保督察工作取得丰硕成果的直观感受，而社会中的诸多事件也让我们切身体会到中央环保督察工作给生态环境带来的良好效果。国家环境保护督察办公室副主任刘长根介绍第一轮中央环保督察有关情况时，用"百姓点赞、中央肯定、地方支持、

---

① 《四川省级督察组进驻8市 四大班子副省级实职领导任督察组长》，中华人民共和国生态环境部，http://www.mee.gov.cn/ywdt/hjywnews/201702/t20170216_395903.shtml。

解决问题"总结环保督察取得的显著成效。[1]

第一,百姓点赞。环保督察过程中,督察小组设置了供群众举报的电话、信箱,群众可以通过这些渠道反映身边问题。便捷的信访渠道使远郊区县和农村地区的环境问题得到关注,群众多年投诉无门的问题也有了解决的可能。中央环保督察小组的到来解决了群众关心的诸多环境问题,给他们带来了真实的幸福感。多数民众对中央环保督察的良好效果持点赞的态度:天津网民"麟雅120"发布附图微博称:"月牙河道垃圾都清理干净了,装立柱、拉铁丝网、种绿植,环境治理真是力度大,大家有目共睹!"湖南省岳阳市的群众也发来感谢信:"我们是岳阳经济开发区兴业花园的部分业主,5月3日写信向督察组反映了小区幼儿园噪声扰民的问题,在短短几天内问题就得到了解决。"[2]群众举报的问题得到解决,越来越多的人参与其中,百姓的参与感变强,人民当家作主的观念也进一步加强。不仅仅是权益受到保护的主体点赞,一些"受害者"也竖起了大拇指。在新闻采访中,不少进行企业绿色改造的企业家都表示:通过中央环保督察,他们认识到对企业来说,进行环境保护工作,不仅能够树立良好的形象,获得民众及社会认可,提高品牌影响力,还能带来其他方面的效益,例如实现技术创新和资源利用率的提高等。百姓从环保督察中受益颇多,怎会不为其点赞呢?

第二,中央肯定。作为生态文明制度建设领域的一大创新,环保督察制度一直受到党中央的肯定和支持。2015年,党中央、国务院制定《生态文明体制改革总体方案》,该方案构建了生态环境保护的整体性框架,并且鼓励各地区按照本方案的改革方向开展试点试验。环保督察在河北省试验成功后,

---

① 马新萍:《环境保护部例行新闻发布会实录》,《中国环境报》,2017年12月29日。

② 张蕊、岳跃国等:《公众对中央环保督察成效如何看?搭建连心桥 提升获得感》,《中国环境报》,2017年6月13日。

开始在全国推行。2018 年 3 月，习近平主持召开中央全面深化改革委员会第一次会议，强调："党的十八大以来，党中央部署开展第一轮中央环境保护督察，坚持问题导向，敢于动真碰硬，取得显著成效。下一步，要推动环境保护督察向纵深发展。"①第一轮环保督察结束后，其制度优势显现，中央肯定和支持环保督察制度进一步发展。2020 年，面对环保督察实践中的诸多问题，中央在《关于构建现代环境治理体系的指导意见》中对环境保护督察工作进行了进一步的构建：实行中央和省（自治区、直辖市）两级生态环境保护督察体制。以解决突出生态环境问题、改善生态环境质量、推动经济高质量发展为重点，推进例行督察，加强专项督察，严格督察整改。②通过详细规划督察制度细节，针对性地减少了制度缺陷。总之，中央始终对环保督察持肯定的态度，力图使其发挥更好的环境治理效果。

第三，地方支持。一方面，督察报告将会移交中央相关机构并且作为干部考核的重要依据。如果有党纪政纪责任的，还会按程序向纪检监察机关移送。这样的制度设计会促使地方政府及党委积极进行环境治理的各项工作，形成地方政府对环保督察工作的助力。另一方面是省内环保督察体系的建立。两个层级的督促，加上很多地方政府也想借中央的这次地方风暴转变地区经济发展方式，促进产业升级，使地方经济实现绿色健康可持续发展。于是，在整改过程中，一些地方政府举一反三，认真负责，借势借力，推动解决了一批多年来想解决而没有解决的环保"老大难"问题。实践中的很多表现都可以看出，地方政府不是敷衍了事而是真正地想办法解决问题，以前的环

---

① 《习近平主持召开中央全面深化改革委员会第一次会议》，中国政府网，http://www.gov.cn/xin-wen/2018–03/28/content_5278124.htm。

② 《中共中央办公厅 国务院办公厅印发〈关于构建现代环境治理体系的指导意见〉》，中国政府网，http://www.gov.cn/zhengce/2020–03/03/content_5486380.htm。

保检查多是简单地查、关、罚，而现在，地方政府想的是在解决问题后实现更好的转变。江苏省"打好污染防治攻坚战指挥部"综合组组长分析，执法者不应只是冷面孔，也要有热心肠，能整改的企业找专家把脉，精准帮扶，不能整改的"散乱污"则严格关停。①地方政府在这场行动中转换思维，认识到经济是要发展，环境也要排在首位，真正体现了对中央环保督察的支持。

第四，解决问题。一方面，"党政同责、一岗双责"的问责利剑令地方党委政府积极履行生态文明建设职责，改善了地方单纯追求经济发展的政绩观，不断强化的环境执法也解决了一大批"散、乱、污"企业，地方环境工作的效率和质量确实提高了。另一方面，实现了环境质量的快速改善。2016 年，京津冀、长三角、珠三角三个区的 PM2.5 平均浓度与大气十条制定出台的 2013 年相比都下降了 30%以上。在水方面，地表水国控断面 I–Ⅲ类水体比例增加到 67.8%。②这次的中央环保督察活动一改过去的传统做法，将全国分为四个批次进行督察，被称作史上"最严环保行动"，解决了跨区域环境污染和生态破坏等以前难以解决的问题，取得了良好的环境治理效果。

(二)环保督察制度实践中的难题

中央环保督察行动在实践中成效显著，受到了来自社会各方的一致好评，挽救了环境污染带来的发展颓势，打赢了环境保护督察的第一场战役。四批环保督察工作发现众多环境问题，同时在边督边改的方式下也解决了许多环境问题，办结案件数量喜人。通过这次行动对地区环境保护工作进行

---

① 《环保不只是管、关、罚，大棒之后，胡萝卜怎么给？》，中华人民共和国生态环境部，http://www.mee.gov.cn/xxgk/hjyw/201811/t20181130_676716.shtml。

② 《践行绿色发展理念，建设美丽中国"记者招待会全文实录》，中华人民共和国生态环境部，http://www.mee.gov.cn/ywdt/hjywnews/201710/t20171023_423919.shtml。

了有效督促,加快了我国生态文明建设进程,整体态势一片大好。然而2018年5月30日的"回头看"工作,暴露出许多环保督察问题,环保督察制度在取得显著成效的同时,也伴生了许多问题,这些问题在实践中成为环保督察进一步推进的阻碍。

1.地方政府在环保督察工作中的"缺力"

生态环境就是我们常说的公共领域,生态环境具有公共性、非竞争性和非排他性特征,是一种典型的"公共物品",其生产、交换及消费都无法通过市场机制来实现。①这样的特征决定了只有政府才应成为管理其的责任主体,其他社会主体由于自身营利性的特质无法胜任这个工作。从当下党委在地方决策过程中占主导地位的政治环境来看,应该确立地方党委作为生态环境保护的责任主体地位。顺应趋势,中央环保督察这次一个很鲜明的特点就是从督企转到了督政,重点放在督政上,一旦出现环保问题,政府和省一级的党委首当其冲,对环境保护问题负责。从理论上说,这样的制度设计可以促使地方政府更好地为百姓作为,但在实践中,部分地方政府在这场风暴中表现得却不能令人满意。从整体上看,地方政府在这次环境保护督察行动中贡献了很大的力量,无论是专项督察中各省政府的积极配合,还是省内督察时各省政府表现出的积极响应,以及各省对反馈问题的积极解决,都可以看出各地方政府对以中央权威为依托的环境保护督察的积极配合。但是问题被解决并不意味着真正做到了环境问题的科学治理,部分地方政府的观念同步更新,在对反馈意见进行处理时,注重经济发展,没有从长远发展的角度出发解决问题,在环境治理过程中气力不足。

---

① 谢秋凌:《法治视阈下我国中央环保督察制度研究》,《山西师大学报(社会科学版)》,2018年第6期。

(1)不作为、慢作为现象仍然存在

在生态文明已经写进宪法的大背景下，多数地方政府已经开始注重保护环境。但极少数的地方政府工作人员仍不能认识到环境保护的急迫性，或者说即使认识到环境保护的重要性，但在环境保护工作中的惰政理念仍最终导致他们的不作为、慢作为。在这些政府工作人员看来，没有人来检查时，一些污染现象并不是严重的环境问题，缺乏环保的观念，仍将经济发展放在第一位。中央环保督察小组快到了，才开始思考如何应付过关。第一批中央环保督察"回头看"是从 2018 年 5 月 30 日起陆续启动，而一些地方的整改措施和方案都是在 2018 年 5 月底甚至是 6 月初出台制定的。平时不作为，临时抱佛脚，为了掩饰自己的不作为，敷衍整改，做表面文章。

个别地方为了应付督察而临时编造虚假文件，河南省范县上交的煤炭消费总量控制方案、治污设施运行台账就是一个典型的例子。2018 年 6 月，针对第一轮中央环保督察指出的垃圾填埋场渗滤液环境隐患的突出问题，督察人员突击检查濮阳市范县城区垃圾填埋场，检查结果令人震惊。①从表面上看，污染防治设备运转记录齐备，当下运转正常，但稍微细致检查就会发现深度处理系统满是锈迹，虽在运转，但流量计始终显示为 0，显而易见企业在虚假运转、应对督察。再细致检查追问下来，发现原来不仅仅污染防治设施无法运行，垃圾渗滤液治理设施也不能运行，大量垃圾渗滤液由范县城市管理局组织施工单位直接从垃圾场渗滤液调节池铺设暗管，直通市政污水管网。表面在治污，实际上在逃避对企业和环境的治理，是一种形式上的不作为。不响应中央整改号召，对环保督察工作造成阻碍。少部分的地方政府工作人员还是眼光不够长远，不能认识到绿水青山才是真正的金山银山。

---

① 《环保督察"回头看"：河南濮阳纵容企业偷排造假文件应对督察》，中华人民共和国生态环境部，http://www.gov.cn/hudong/2018-06/19/content_5299695.htm。

（2）环保管控的"一刀切"现象频发

"党政同责"和"一岗多责"的问责设计督促地方党委和政府积极履行自己的职责,积极认真解决中央环保督察小组反馈意见中提到的环境问题,但出于整改时间的短暂和一些历史遗留环境问题,部分地方政府剑走偏锋。一听中央环保督察小组要到了,几日之内所有不合格企业统一停产停工,"一刀切"似乎成了环境治理的有效手段。为了应对马上到来的督察小组,"仅一天时间,农安县三盛镇和巴吉磊镇所属的八户牧业小区被集中拆除"。整改如此迅速,似乎是真正地发挥了我国集中力量办大事的制度优势,但力量并未用到正确地方。

吉林省农安县,十年九旱,气候适合发展牧业,当地政府一直以来也是大力扶持畜牧业发展,该县在 2016 年位列全国养猪百强县第一。为了应对 2018 年 8 月即将到来的"回头看",这样显著的畜牧业成就被当地政府的一纸文件(《省境保护联席会议办公室关于印发各市州 2018 年水污染重点目标任务通知》)全盘否定,要求将保护区内 101 处养殖区域拆除,当地的牧业小区也要拆除。①这样的"全盘否定"引出了许多问题,当地一直以来从事畜牧业的民众应该以何为生? 培养什么产业作为当地的经济发展支柱? 波罗湖保护区内的统一拆除更是损害了大多数养殖场场主的利益。在地方政府的大力支持下,这些养殖场场主进行投资建设,中央环保督察小组一来,政策就由支持变为了禁止,一夕之间养殖场被悉数拆除,养殖场主连挽救损失的时间都没有。农安县数年畜牧产业全国第一,但却因为不合乎环境保护的需要被取缔,群众的权益没有得到重视和保护。

"一刀切"对社会中的弱势群体有着严重的危害。一方面,重创了小微企

---

① 郭煦:《畜牧大县遭遇环保"一刀切"》,《小康》,2018 年第 25 期。

业。一些地方政府迫于督察报告对政绩考核的影响,急于求得短期的整改成效,大企业反应速度很快,各方面实力薄弱的小微企业就成了众矢之的,纷纷关闭。另一方面,伤害了群众利益,比如企业的关闭和迁址使大量群众失去工作,生计难以维持。环境保护和治理确实具有紧迫性,可是多方群体的利益也需要被考虑。当然,实践中"一刀切"的行政行为数量并不是很多,实践中一些综合治理环境的行为不是"一刀切",比如中央和地方出台的推进"散乱污"企业综合治理的政策,该政策是经过科学考量和实践证明的。

(3)地方政府的环保转型成为难题

地方政府长期以来适用以经济建设为中心的经济发展模式,短时间内很难向环境和经济并重的可持续发展模式转变。回看中国经济发展历史,中国用几十年的发展追上了发达国家几百年的工业进程,粗放型的经济发展模式是必然的。同时"竞争到底"理论认为,地方政府在与其他地方政府的资本竞争中,会倾向于放松环境规制,以牺牲环境质量为代价吸引投资,地方政府相继降低环境规制的最终结果是环境零规制,所有地区环境普遍恶化。[1]地方政府政绩的最重要测评标准是能否促进地方 GDP 的发展,为了在招商引资上胜过其他地方政府,往往会选择牺牲环境,而且我国改革开放以来形成的地方分权体制缺乏对环境保护的有效激励,环境法律与政策无法通过地方政府常规性的监管机制得到有效执行和落实。[2]环保督察行动之前的中央环保检查,未能促进地方政府的整体工作模式转型,短期的临时环境检查反而使部分地方政府形成了临时性的应对机制,上面一来检查,地方就立马

---

① 李国平、张文彬:《地方政府环境规制及其波动机理研究——基于最优契约设计视角》,《中国人口·资源与环境》,2014 年第 10 期。

② 陈海嵩:《中国环境法治的体制性障碍及治理路径——基于中央环保督察的分析》,《法律科学(西北政法大学学报)》,2019 年第 4 期。

关厂停产停业,上面一走,被关停的企业重新开业。这次的环保督察行动工作任务大,整改难度强,即使想转变,地方政府也往往"有心无力"。

环保督察的层级威压和地方长期注重经济成果的工作模式,使地方政府缺乏实事求是和对症下药的考量,对督察小组的反馈意见盲目跟从,没有结合地方实际发挥主观能动性。督察小组提到哪个企业的污染问题,地方政府就只解决这个企业的问题,而没有积极去解决类似企业的类似问题。督察小组的人力资源有限,不能发现所有类似的问题,"盲目跟从"阻碍了环保督察取得更好的效果。

同时,地方政府在处理地方环境问题的方式上也没有更新。长期以来,地方政府部门尤其是环保行政部门,对环保工作的认识就是查处污染行为,关停不合格工厂,对违法行为进行罚款,缺乏创新意识。这种僵硬的整改方式并没有真正发挥环保部的作用,没有促进地方经济发展方式的转变。部分地方政府观念的僵硬,使环保督察效果无法充分发挥,也无法长期发挥。进一步完善环保督察,地方政府需要创新治理模式。

环保督察活动中党政责任的模糊也阻碍了地方整体的转型。在这次大力度整顿环境污染问题的风暴中,环境保护的责任主体落在了"政"和"党"上。党政同责的设计在理论和实践上符合实际情况,但也导致出现了两个责任模糊的场域:第一个场域,地方政府各部门间职责相互交叉,环境保护的职责除了明确由环境部门承担以外,其他的一些环保事务并没有明确地交给谁来做,部门之间担责的主体不明确。根据责任分散效应,越多的人可能会承担责任,就越可能责任没有人承担,在实践中就会出现"扯皮"的现象。虽然整体制度设计良好,但职权的耦合容易造成责任主体的空缺。第二个场域是"政"和"党"之间追责时的责任划分和适用法律界限是模糊的,这次的环保行动创新性地提出了省一级党委对环保工作的责任,但《党政领导干部生态环境损害责任追究办法(试行)》却没有明确划分二者的责任,没有区分出地方政府和党委的责任界线。同时,政府属于行政体系,责任划分有赖于行政体制的规划,而党委的归责是党内党纪的规定。看似没有模糊,但是在实践中对党内政府部门领导的归责却陷入矛盾之中, 这些责任的模糊使部分政府工作人员在做事时存在侥幸心理,认为最终认定的责任不会落到自己身上,不能积极地进行环境保护工作。

综上,政府在环境保护工作上的"缺力",有以下三方面的原因:第一,环保督察这场环境治理工作展示出来的是一种运动式的治理模式, 不具有长期性,同时相关的配套措施不完善,地方政府长期的惰政现象和临时应对机制使地方政府怠于进行长期规划,并且实践中没有优秀的重大整改先例在前,一些地方政府怯于做"出头鸟"。第二,长期注重经济成果的评价机制一直存在,冰冻三尺非一日之寒,这种观念改变起来很难。加上地方财政收入仰赖于大型企业的税收,地方政府总是存有忌惮,不敢与大污染企业"硬碰硬",有的官员甚至为了政绩对其环境污染问题进行包庇,地方保护主义有抬头的倾向。第三,地方环保责任模糊。地方各部门之间的责任分配不明,党政之间的责任和法律适用界限也很模糊。责任主体众多催生出责任分散效应,各个主体的责任承担意识变弱,预想的环境保护效果不能实现。第四,环保督察中的问责机制有待进一步完善, 被问责的责任标准不明确导致地方政府在履责时存在侥幸心理,不能切实履行职责。环保风暴中,"以问责促整改落到实处"的举措导致有的基层干部受到党纪政纪处分,严厉追责在实践中出现"一线工作人员积极性受挫"的负功能。如何把握环保督察追责尺度,落实好环保责任,值得深入研究。

2."散乱污"企业的治理难以突破

近年来,对由粗放的经济发展方式催生出的"散乱污"企业的治理,开始受到重视。"散乱污"企业主要包括以下三个类型：①环保、质监等手续不全的企业。②污染排放不符合标准的企业，包括地方标准和国家标准。③不符合地方制定的产业政策或者与地方的产业布局相冲突的企业。这些企业的存在使地方政府如鲠在喉。虽然企业目的是利益，依靠其自觉放弃利润、自我整改是不切实际的，但是企业从社会中获得了利益，也应该承担社会责任。但大量企业的发展不仅没有承担起应该有的社会责任，更直接破坏了环境公共利益。从多方因素的考量看，如果有政府的支持，企业的整改并不是一件难事，能促进企业经济转型，实现企业的可持续发展，但是在现实中这种绿色整改却变得十分困难。出于经济发展的考虑，地方政府对治理企业污染"投鼠忌器"，缺乏"壮士断腕"的勇气，无法将整改真正落到实处。此外，社会公众对遭受的环境利益侵权，往往缺乏救济途径，难以有效维权。种种因素导致了污染企业的有恃无恐，一些企业仗着自己是国企或者对地方经济有重大贡献，并不进行环保改造，依靠编造虚假信息敷衍应付。更有甚者，对抗执法，阻碍督察工作。

2016 年，第一轮中央环保督察期间，督察组在向洛阳市政府询问洛阳市义煤集团新义煤业有限公司污染情况时，洛阳市政府称该公司二月就已经停产。而在"回头看"时却又被举报，督察小组实地调查发现：该企业作为国有企业，2016 年以来，先后被当地环保部门下达整改督办通知、停止违法行为决定等文书 33 份（2017 年至今累计 29 次），对该企业环境违法行为行政处罚 6 次（2017 年至今累计 5 次），罚款 30 余万元，移送公安机关行政拘留 3 人。①但该企业始终无视基层环保部门执法，对多次处罚无动于衷。面对首轮中央环保督察群众信访举报，以市场不好停产为由，并未进行认真整改，

---

① 《33 张罚单难阻新义煤矿违法排污》，中华人民共和国生态环境部，http://www.mee.gov.cn/gkml/sthjbgw/qt/201806t20180617_443308.htm。

督察结束后又继续开工。作为国有大型企业本应成为环保表率，但却肆意违法，以停产躲避督察，以审批流程过长为由逃避治污改造，没有履行自己该履行的责任。实践中这样的情况多有发生，很多企业抱着避一避风头的想法，先停产一段时间再开工，环保督察在他们

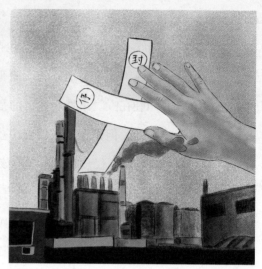

看来是一阵风，不需要花大精力去应对。实际上，从 2017 年的环保风暴开始，中国企业就进入了"还账模式"，这意味着过去依靠破坏环境、偷税漏税、低工资低福利低成本的发展方式已经过去。①现在的竞争是经济发展方式的竞争，是可持续发展道路的竞争，过去的污染道路早已行不通了。

　　企业之所以对环保工作消极怠工，不愿意配合环保改造，有很多原因。一方面在于当前环保督察过程中，对"散乱污"企业的定义没有一个明确详细的标准，企业进行整改缺乏一个明确性的指导。另一方面在于当前的大环境，虽然许多企业都在整改的信息很容易就能获取到，但许多企业整改转型成功的例子很难被看到。企业只看到了环保改造的困难，看不到环保改造后的各种优势，很难自觉整改。这样的困境在环保督察过程中表现得尤为突出，一方面中央环保督察对企业往往只有惩治，譬如停产和罚款，缺乏激励。如果对企业的环保工作进行适当的激励，可以激发企业改造的决心，促进企业发展理念的转变。此外，治理难很大程度上还由环保督察机构的临时性和

---

　　①　丁是钉：《让污染企业续命，"玻璃心"的背后藏着残忍》，http://www.zqcn.com.cn/hongguan/201709/15/c500902.html。

环保督察行动表现出来的短期性所导致。中央环保督察小组在每个地区开展督察工作的时间，短则数日，最长不过个把月，并不能长期地对污染企业进行监督。督察工作组的工作场所具有临时性，使企业觉得其就是一个短期巡视的钦差大臣，迟早会有走的一天，只要敷衍过去就可以。

3.环保督察相关配套机制欠缺

（1）公众参与机制缺陷

中央环保督察有一个很大的优点：公众参与，关注公众的身边环境问题，发动群众保护生态环境，这在我国环保工作中是一个突破。在我国，环境保护工作从一开始就是由政府推动并主导的，可以归纳为"政府主导型环境保护"[①]。群众对环保工作缺乏积极性，主动参与的可能性较低。为了避免这种情况，这次中央环保督察开始之前就做了大量的准备，无论是河北试点带来的一股热潮，还是中央到地方的大力宣传。效果也很好，第一轮环境保护督察中群众举报数量达到了近几年公众参与数量的峰值。国家环境保护督察办公室副主任刘长根指出，第一轮督察转办 10.4 万件群众举报，群众身边的环境污染"小事"约占总数的 65%左右，一些区域性、流域性等涉及公共利益的环境污染问题约占总数的 27%左右，一些涉及邻避效应方面的信访举报约占 5%左右，一小部分涉及利益纠纷，或者是"同行举报"大概占到3%左右。[②]从数据上可以看到群众对中央环保督察的参与热情十分高涨，但结合实践中出现的问题，这些数据也反映出公众参与的缺陷：第一，举报问题缺乏分类解决机制，对于群众的举报，地方政府往往倾向于快速解决，但从举报案件的类型上看，不是所有的案件都适合快速解决。区域性、流域性的问题需要政府循序渐进地整改，涉及邻避效应和利益纠纷则需要时间详细调

---

① 洪大用：《中国民间环保力量的成长》，中国人民大学出版社，2007 年，第 63 页。

② 马新萍、宋扬：《环境保护部例行新闻发布会实录》，《中国环境报》，2017 年 12 月 29 日。

查,有时甚至需要地方政府与基层群众自治组织合力解决。第二,举报的问题是否被解决往往由地方政府来认定,这就类似于"自己当自己的法官",很难保持中立公正。实践中,群众举报的事项被地方政府指为虚假信息,但督察组深入现场检查却发现问题实际存在。

此外,信息公开透明度不足,群众参与不够。中央环保督察行动需要发动群众,公众参与需要充分的信息公开,但此次行动中的信息公开机制并不健全。第一,环保督察过程中,各省都发布了许多省内重大典型反面案例,却很少对群众的举报线索公示处理结果,虽然有的处理结果直接告知了当事人,使举报者知道问题已经被解决,自己的权益已经受到了保护,但是这些案件并没有向全社会公布,导致其他人不能感受到举报的功效,不能受到激励而参与到这次的环保风暴中。第二,一些政府上报的企业和污染整改情况应该予以公开。环保督察过程中,地方政府负责汇报被督察小组反馈的环境问题是否被解决,这样的制度设计很容易出现虚假汇报的问题。如果政府上报的整改情况被公开,可以借助群众的力量监督整改。第三,问责的过程和结果应该被公开。督察主体本身同样存在有限理性和自我偏好,其行使权利时也需要被监督。①通过对问责过程和结果的公开,防止督察权被滥用。第四,有效解决环境问题的典型事例应该被公开,实践中,各地方政府信息沟通不畅,无法互相借鉴经验。

(2)问责机制模糊

环保督察的两个手段可以概括为"督政"和"问责",在实践中问责机制主要存在以下问题:首先,问责主体和被问责主体具有"同一性",相互包庇现象时有发生。环保督察是由党委主导的,大多通过党内追究的方式来对相

---

① 谢秋凌:《法治视阈下我国中央环保督察制度研究》,《山西师大学报(社会科学版)》,2018年第6期。

关的党员进行问责,被问责的对象也多是党员,自己监督自己,很容易出现问题。其次,问责机制不明确,《环境保护督察方案(试行)》仅仅规定了问责的主体和方式,对需要问责的事由的定性和评判、问责的程序都没有进行规定。在追责事由的定性上,"失职""不力"等极具主观判断的词汇成了追责的标准,无法从实践中明确追责标准。在标准不明确的情况下,基层政府对环保作为顾首顾尾。在环境治理的实践中,往往是基层政府的责任性任务多,越是基层政府干活越多,干活越多的干部出错的概率就越多,问责的原因不清楚,很容易导致基层政府放弃整改。而问责的评判标准又极具主观性,环境治理不利的严格处罚以及问责人数的众多,导致有的基层政府工作人员不敢作为。

此外,问责程序不完善,没有明确的程序流程,问责的人员又很少全部公布,《环境保护督察方案(试行)》中对督察问责情况没有公开要求。公众知道的仅仅是一个大概的情况,四批环保督察问责被追究的总人数、具体的被问责人和问责事由、问责结果十分不明确。程序的模糊、信息的不透明导致群众无法监督督察主体,督察主体有可能实施滥用督察权等脱离法治化轨道的行为,最终导致环境保护督察的长效性很难实现。

(3)环保督察制度与环保行政和司法衔接不畅

一项关系绝大多数公众利益的工作的推进需要立法、行政和司法等部门的相互配合。中央环保督察作为一项最新的重大改革,如果能与环保行政和司法有机结合,将成为推动我国多元共治的环境治理模式的重要一环。实践中,环保督察与我国原有的环保行政和司法活动,在实践中存在产生冲突或者重复调查等问题,对部分环境问题重复的调查或者整改意见不一,有可能造成行政和司法资源的浪费。

实践中,环保督察与我国环保行政执法工作的督查对象具有同一性。自

中国环境法治研究

2015 年以来，我国陆续出台一系列涉及环境保护的法律：《环境保护法》、大气、水污染、土壤防治三部法等，并且颁布了相关的配套法规推动环境保护工作的进行，相关的法律和政策促使政府环境保护机制形成，政府已经基本形成了政府环境目标责任制与考核评价制度体系。而环保风暴中的环保督察也以环境保护为目的，对相关的环境污染情况进行监督检查，向政府反馈意见，督促政府对发现的环境问题进行整改，并且以发现的环境问题和整改情况为事由进行政绩评价和人员问责。其中，对环境问题的整改工作很容易和政府之前进行的环境保护工作出现重合或解决方法不一致的情况，对地方工作人员环保督察上的考评和对原有环保工作的考评也出现冲突或重复，在实践中造成资源的浪费，阻碍环境保护工作的运行效率。

环保督察制度与环境问题相关司法活动的衔接主要包括两个方面：普通诉讼和环境公益诉讼。首先是在普通诉讼方面，21 世纪初为了促进经济发展，有的地方政府上马了污染环境违规项目，如上文提到的畜牧大县中的不少养殖场遭遇"一刀切"的事件，为了应对环保督察，很多养殖场的拆除都是在一夕之间，没有给场主留下减少损失的时间，造成这些场主损失惨重。配套的补偿机制迟迟没有建立，当这些场主走上诉讼道路时，司法工作人员做出的裁判可能会对政府产生不利影响。在这样的诉讼中，环保督察和司法活动如何衔接才能让问题和谐稳定解决？其次是环境公益诉讼，环保督察实践中出现了很多起政府对环境污染事件不作为的案例。面对这样的问题，我国的环境公益诉讼探索出环境行政公益诉讼制度，旨在解决此类问题，环境公益诉讼制度在环保督察制度的促进下也得到了很好的发展。2017 年是中国环境公益诉讼最多的年份，几乎每一个污染破坏环境案件的企业都会被环保团体或检察机关提起环境公益诉讼。环境公益诉讼的开展和政府环境信息的公开，推动了公众在环境保护领域中参与权、监督权的行使，比如海南省三亚新机场项目因存在未批先建等违法行为，在被环保组织举报后被国家海洋局决定暂缓其环境影响报告书的审批。但是公民个体未被赋予提起环境公益诉讼的资格，导致很多普通民众无法通过环境公益诉讼维护自身利益。社会公众的环境权益救济诉讼途径，没有和环保督察、环境司法活动做到有效衔接。

三、党领导生态环境法治建设：具有中国特色的"党规＋国法"模式

　　环保督察虽然在实践中暴露出很多的问题，但环境治理效果有目共睹。学界对于环保督察的性质存在争议：谢秋凌、刘奇、张金池等认为，中央环境保护督察是指由中央主导开展的环境保护督察，是我国加强生态建设和环境保护工作、健全生态文明制度体系的一项制度，同时也是我国环境监管模式的重大改革。[①]戚建刚、余海洋认为，中央环保督察是通过自上而下的政治动员方式来开展环境督察的，其基本定位是党中央和中央政府在环境保护领域所推行的一种运动型治理机制。[②]但无论支持哪种观点，大部分学者都认为环保督察制度在当下应该常态化。在当前追求青山绿水的背景下，环保督察制度这类有效治理环境的手段应该常态化，推动环境保护工作长期有效进行。

　　一项制度要想常态化，在实践中长期适用，需要通过立法的形式将其确立，让这项制度走上法治化轨道。例如在云南，中央环保督察"回头看"值班

---

　　① 刘奇、张金池、孟苗婧：《中央环境保护督察制度探析》，《环境保护》，2018 年第 1 期。

　　② 戚建刚、余海洋：《论作为运动型治理机制之"中央环保督察制度"——兼与陈海嵩教授商榷》，《理论探讨》，2018 年第 2 期。

电话关闭后，涉及环保问题的举报投诉事项可通过 12369 环保举报热线正常受理。①这是一种能够促进常态化的手段，但是缺乏法律的护航，就会导致一些通过 12369 热线反映的环境问题不能得到有效解决。而制度被法治化，各方对该项制度的运行就会有一个稳定的预期，各方主体也会使自身的行为更契合该项制度。在环保风暴中，地方政府不认真负责、企业敷衍逃避、临时性应对情况不断出现，实际上都是由环保督察行动表现出来的临时性和试行的特点导致的。针对中央生态环境保护督察制度存在的问题，在法律层面上建议加强国家法律与党内法规的衔接，完善具有中国特色的"党规+国法"模式，进一步推动党领导生态环境法治建设。

（一）夯实环保督察法治基础

1.完善顶层设计，提高法律地位

在当前全面依法治国的大背景下，各个领域的改革都应该于法有据，在法律框架内运行。环保督察作为我国生态环境领域的一项重大改革，为环境保护的监督管理提供了一种新方式，在试行结束并取得重大突破的情况下，应该通过法律将这项制度确立下来。环保督察试行过程中，中央环保督察的权威主要来源于党中央，但"于法无据"，因此需要通过法律获得权力依据，推动整个制度的法治化运行。2014 年，《环境保护部综合督查工作暂行办法》（环办〔2014〕113 号）出台，将环保督察的核心工作由"督企"转为"督政督企并举，以督政为主"。2015 年 8 月出台的《环境保护督察方案（试行）》首次强调指出，环境保护工作"党政同责""一岗双责"。2019 年 6 月实施的《中央生态环境保护督察工作规定》，作为生态环境保护督察工作的规范，对于各级

① 《云南的中央环保督察"回头看"电话举报投诉工作正式结束》，中华人民共和国生态环境部，http://www.mee.gov.cn/ywdt/dfkx/201807/t20180706_446230.shtml。

党委政府压实生态环境保护责任,推进生态文明建设,建设美丽中国发挥了极大作用。该工作规定和方案不属于具有正式规范效力的"党内法规"和"行政法规",而是属于最低档次的"党内规范性文件"以及"行政规范性文件",在规范效力等级上显然较低。[①]作为一个督党督政还要附带督企的机构,环保督察监督的并不是完全的"内部行政行为",也对外部行政相对人产生一定影响,"试行方案"这样的法律位阶没法真正实现督党督政的目标。为了能尽可能完善环保督察制度,立法机关可以参照监察法的设立,对环保督察进行专门立法。建立《中华人民共和国生态环境保护督察法》(以下称为《督察法》),通过高位阶的法律推动我国环境治理。

《督察法》的具体内容也应该明确。设置具体内容时应在已有的环保督察实践上总结经验,借鉴《中华人民共和国监察法》的内容和结构,明确规定环保督察的目的、督察的专门机构、督察的程序和督察的对象等。对环保督察制度的构建要抓住实质,中央环保督察的实质在于推动地方党委对环境保护承担责任,制度的构建要围绕于此。对环保督察制度的构建应该合乎实际,对环保督察制度的构建要形式多样,面对"回头看"出现的诸多问题,《督察法》应该在定期的环保督察之外再建立不定期的环保工作抽查活动等,要采取日常环保督察、定期环保督察、环保专项督察等督察交互作用机制,扎实推进生态文明制度的落地生根。[②]同时,根据《关于构建现代环境治理体系的指导意见》,环保督察的工作模式也应该创新,要进一步完善排查、交办、核查、约谈、专项督察"五步法"工作模式,切实达到环保督察应有的效果。

---

① 陈海嵩:《环保督察制度法治化:定位、困境及其出路》,《法学评论》,2017年第3期。

① 杜强、杨永华:《新时代推进我国生态文明建设的思考》,《福建论坛(人文社会科学版)》,2018第10期。

构的法律地位也会提高。另一方面,面对实践中遇到的人员和机构配套设置上不完备的问题,《规定》明确了督察组组长和副组长的人员设置,但对督察组成员的任免等不够明确,可以在后续《督察法》专门立法中明确规定督察组成员的职权设置和职位任免。人力资源的数量也要保持充分,有利于及时回访,只有配套的人员充分了,环保督察的长效性才可以期待。

在中央环保督察专门机构被建立的同时,地方督察机构也应该被建立,从当前的全民环保的大环境来看,环境保护是一个长期的工作,靠中央环保督察小组间歇性地督导,效果不够。我国的环保督察制度的构建应仿照监察制度,在地方设立督察委进行监督,对象不仅包括地方的政府和党委,还应该包括各地存在严重环境污染问题的企业。通过设立常设机构,环保督察制度的常态化有利于督察对象的彻底整改。针对中央环保督察小组在两级设置上存在处理事务众多、督察小组资源不够的问题,也可以模仿监察委的相关设置加以解决。《关于构建现代环境治理体系的指导意见》对"构建党委领导、政府主导、企业主体、社会组织和公众共同参与的现代环境治理体系"作出全面部署。这一重要文件,为加快推动环境治理体系和治理能力现代化,为推动生态环境根本好转,明确了任务目标,指明了落实路径。

当前,地方各级党委、政府和有关部门正在结合各地的实际情况,进一步细化落实构建现代环境治理体系的目标任务和政策措施。笔者建议,可以参考《党政领导干部生态环境损害责任追究办法(试行)》,其规定了县级以上地方各级党委和政府及其有关工作部门的领导成员的责任追究,既然责任是追究到县一级,那我们可以将环保督察机构最低的那一级设置到县一级,在县级以上设置督察机构,协调中央与地方、地方各部门之间的关系,全面进行绿水青山的建设。四级机构设置构成严密的防护网,有利于全面督察各地环保工作的落实。同时,专门机构的一些职能也可以被增加,如根据企业的整改态度、整改状况和污染程度，我国环保督察专门机构可以决定是否向相关企业的内部派驻监管人员。此外，还可以在这样的专门机构里设置企业的环保信用评价体系，通过对企业整改情况的实时关注，实现对具有监管责任的地方党政工作人员的监督。

（三）优化环保督察运行机制

《督察法》在对环保督察制度的整体框架进行规定后，也应健全相关的配套机制，通过法治化要素将这些配套机制连接起来，优化制度的整体运行，最终推动环保督察制度高效率运转。

1.健全公共参与机制

公众的力量是强大的，环保督察制度要发挥更好的效果需要社会公众的支持。我国的新环保法中有关于公众参与的规定，并将公众参与作为该法律中的一项基本原则。建议从以下三个方面进一步完善公众参与机制：第一，完善群众举报案件分类机制。负责接收电话、信件的工作人员根据举报，对案件进行分类，督察组根据举报案件的不同，各有侧重地督促地方政府。对于一些区域性、流域性的环境问题，可以督促地方政府做出一个整改方案，而不是督促尽快解决。对于涉及邻避效应和利益纠纷的案件，要督促地方政府实地走访，切实了解情况，公正解决问题。如果涉及双方群众过多，可以发挥基层群众性自治组织的作用积极地进行协调。第二，吸收更多的环保专家、企业代表等参与到环保督察活动中。所有群众都拥有环境权益，都可以参与到环保督察举报问题中，但充分了解环境问题，能够提出更有价值意见的人不多，可以通过吸收环保专家、企业代表等发现更深层次的环境问题。第三，拓宽公众参与环保督察的方式。公众参与相关活动的途径决定了公众的切身利益是否能够得到保护。环保督察实践中，电话举报往往需要进行查证,信件举报又有安全性等的考虑。为了公众能够更好地参与,除了电话、信件举报外,还应该增加座谈会等参与方式。

环保督察有赖于社会公众提供的线索,要想真正发挥公众参与的作用,还必须完善督察全程中的信息公开机制。公众对环保督察了解得越多,才能更好地提出问题,推进环保工作稳步推进。《环境保护督察方案(试行)》仅仅要求"督察意见、被督察单位整改方案和落实情况要向社会公开",该试行方案只要求对被反馈意见的企业的相关情况进行公开,对督察问责情况的公开并没有要求。信息公开内容不全面,无法落实社会公众的监督权。如果能够增加公开的内容,如环保督察整改的进程、整改的最终结果,问责的相关情况等。不仅可以落实整改,还可以激发群众的积极性。所以环保督察应当注重信息公开机制的完善,环保督察专门机构应通过网站、报刊、电视等便于公众知晓的方式,及时全面地公布环保约谈、督察核实、走访察看、问责处理等情况,方便公众了解环保督察的开展过程。通过不断探索完善环保督察公开的内容、途径和形式,确保环保督察在阳光下运行。

2.完善问责机制

完善环保督察问责机制的重点是,将问责事由定性和问责程序等法治化。在环保督察实行的同时,对于领导干部的责任审计制度也在试行,可借鉴《关于开展领导干部自然资源资产离任审计的试点方案》的相关经验。首先是问责事由的定性,如何是"不力",如何是"失职",应该在实践中进行总结,确保定性的准确,比如本应发现的明显的环境污染情况,当地负责人没有发现进而治理,可以被认定为失职,这些主观性的词汇可以不进行变动,但是在各省必须有一致的标准和明确的分类,例如可以设立问责的清单制度。在具体实践中,响应生态环境部的号召"坚决禁止滥问责",实行容错机制,地方政府工作人员在特定情况下,即使没有达到治理目标,也可以暂时免除被问责的责任,给予其自我修复的机会。其次是问责程序规则的完善,权力应该在阳光下运行,不然就会滋生腐败,应该将问责的过程和问责的结果向社会公众公开。对被问责人员的救济也应该提上日程,问责结果出来以后,被问责人员对结果不服向哪个机关提出异议,比如可以向邻省的省一级的督察小组提出,整体程序完善了,才能更好地发挥追责的效果。

3.促进环保督察制度与行政和司法的衔接

环保督察制度与行政的衔接应注重《督察法》的作用,《督察法》作为环保督察制度的专门立法,在立法时就应该做好与政府环境保护评价机制的区别,在立法上明确表现出两者的不同,从源头上做好二者的区分。在每次环保督察活动前,对各地区政府的环境保护责任评价机制的最新情况有所了解,不作重复的调查,不浪费行政资源。同时,环保督察专门机构也可以和地方负责环境保护责任评价机制的工作人员合作,二者共同发挥作用来推动党政履责。

在环保督察制度与司法的衔接上,法院对于环保的问题不是督察,是支持和督促(比如支持环保局下达的一些裁定的实现),[①]环保督察专门机构积极和法院联系。首先,在普通诉讼上减少"一刀切"引起的诉讼纠纷,这类案件应该由环保督察通过自身的制度构建解决问题。这类纠纷可以由环保督察的专门机构和地方财政部门共同进行管理,确保客观性和资金来源。纠纷解决机制的启动可以分为依申请和依职权,依申请主要是受到"一刀切"侵害的群众。依职权主要是环保督察专门机构。追偿资金的来源主要应该被限制在地方财政,当地方财政不足时,可以由中央财政暂时代借,既补偿了民众,又给了地方政府决策要慎重的信号,促进地方政府更好履政。如果相关

---

① 孙佑海、朱金锦:《天津市法学会环境与资源保护法分会2019年年会暨"环保督察法治化"理论研讨会会议综述》,《天津法学》,2019年第2期。

案件诉至法院,法院应该积极同环保督察专门机构联系,并告知当事人可以通过环保督察专门机构解决问题。其次,在环境公益诉讼上,要想解决政府不履行职责和大量群众利益受到污染企业侵害的状况,检察机关提起环境行政公益诉讼是最好的解决方法。检察机关可以对负有责任的行政机关提出检察建议,给予其自我改正的机会。检察环境公益诉讼的诸多优势限制于案件来源少的缺陷之上,而环保督察制度能为其提供有数量、有质量的案件来源,二者的衔接是有必要的。检察机关在办理公益诉讼案件时应积极主动和相关部门联系协作,中央环保督察小组在发现问题线索向地方政府进行移交的同时,可以向检察机关移交;检察机关介入后,和行政机关积极沟通,发挥司法与行政执法协调联动作用。

当前,全社会都对生态环境保护督察制度寄予很高的期待。国家层面应尽快制定《生态环境保护督察法》,明确督察的重要意义,对督察范围、主体、对象、行为、实施步骤、监督检查以及惩罚措施等方面进行明确规定,将生态环境保护督察纳入法制化轨道。从法律层面明确中央生态环境保护督察工作领导小组的权威性,赋予工作领导小组存在的合法性依据。同时,坚持明确督察对象主要针对地方党委政府,坚持以压实各级党委政府生态环境保护责任为目的,确保环境保护责任落实到位。

第三章
我国环境公益诉讼的实践与反思

在 2018 年全国生态环境保护大会上，习近平总书记指出："总体上看，中国生态环境质量持续好转，出现了稳中向好趋势，但成效并不稳固。生态文明建设正处于压力叠加、负重前行的关键期，已进入提供更多优质生态产品以满足人民日益增长的优美生态环境需要的攻坚期，也到了有条件有能力解决生态环境突出问题的窗口期。"[①]在这个关键期、窗口期，我们需要发挥各方力量，加快生态文明体制改革，稳固现阶段的环境保护成果，从多方面推动生态文明建设朝着良性健康方向发展。环境公益诉讼制度作为环境公共利益保护的最后一道防线，在治理环境污染，保护环境公共利益，推进生态文明建设中发挥着重要作用。完善我国环境公益诉讼制度，推进环境公益诉讼主体多元化，是现阶段推进我国生态文明建设的重要手段。

---

① 习近平：《推动我国生态文明建设迈上新台阶》，求是网，http://www.qstheory.cn/dukan/qs/2019-01/31/c_1124054331.htm。

一、我国环境公益诉讼的发展

（一）我国环境公益诉讼的发展阶段

1.2005 年之前：理论界对环境公益诉讼制度的初步探索

我国历史上并不存在环境公益诉讼制度，该项制度最早作为舶来品被一些学者引入中国。环境公益诉讼起初并没有得到实务界尤其是司法部门的广泛重视，对环境公益诉讼理论缺乏系统性的探讨，理论界的研究以介绍外国的环境公益诉讼制度为主，探讨环境公益诉讼制度在我国施行的必要性。环境公益诉讼是 1981 年经马骧聪先生从美国等西方国家介绍引入中国。[①]之后众多学者如陶红英[②]、朱谦[③]、巫玉芳[④]、李艳芳[⑤]，对域外尤其是美国的环境公益诉讼制度进行讨论。张明华[⑥]、史玉成[⑦]、叶勇飞[⑧]等学者对环境公益诉讼的构建提出了系统性思考。到 2005 年，理论界对于环境公益诉讼制度的讨论初步完成，认为我国环境公益诉讼制度的构建具有必要性，为环境公益诉讼在我国的发展打下了坚实的基础。

---

① 徐祥民、宋福敏：《建立中国环境公益诉讼制度的理论准备》，《中国人口·资源与环境》，2016 年第 7 期。

② 陶红英：《美国环境法中的公民诉讼制度》，《法学评论》，1990 年第 6 期。

③ 朱谦：《美国环境法上的公民诉讼制度及其启示》，《世界环境》，1999 年第 3 期。

④ 巫玉芳：《美国联邦环境法的公民诉讼制度》，《现代法学》，2001 年第 6 期。

⑤ 李艳芳：《美国的公民诉讼制度及其启示——关于建立我国公益诉讼制度的借鉴性思考》，《中国人民大学学报》，2003 年第 2 期。

⑥ 张朋华：《环境公益诉讼制度刍议》，《法学论坛》，2002 年第 6 期。

⑦ 史玉成：《环境公益诉讼制度构建若干问题探析》，《现代法学》，2004 年第 3 期。

⑧ 叶勇飞：《论环境民事公益诉讼》，《中国法学》，2004 年第 5 期。

2.2005—2012 年:政策导向下环境公益诉讼制度的大胆尝试

随着理论界对环境公益诉讼制度的探讨，以及因环境破坏引起的国家对环境保护的重视,关于在我国建立环境公益诉讼制度,逐渐形成了社会共识。2005 年 12 月 3 日,国务院发布《关于落实科学发展观加强环境保护的决定》,文中指出要"健全社会监督机制,发挥社会团体的作用。鼓励检举和揭发各种环境违法行为。推动环境公益诉讼"。这是官方文件中第一次提出环境公益诉讼,此后环境公益诉讼得到许多制度性的支持,环境公益诉讼在理论界和实务界获得更深入的发展。

在理论界,2005—2012 年对环境公益诉讼的研究进一步深入。通过中国知网搜索"环境公益诉讼",限定"核心期刊"和"CSSCI",可以检索到一百余篇论文。在这一阶段,学者们立足中国的本土法治资源和司法实践,探讨环境公益诉讼的理论基础、功能类型、诉讼主体、立法模式等重大问题,为建立我国环境公益诉讼制度进行了完善的准备工作。

在实务界,大量的环境保护法庭建立,受理和裁判环境公益诉讼案件,全国各地通过大量涉及环境公益诉讼的地方性法规。2007 年,在缺乏国家立法明确规定的情况下,贵阳市中级人民法院和清镇法院设立了环保法庭,拉开了环境公益诉讼实践的大幕。此后全国各地相继成立环境保护法庭,审判多起涉及环境公益诉讼的案件。如"中华环保联合会、贵阳公众环境教育中心与贵阳市乌当区定扒造纸厂水污染责任纠纷案"①,这是一起法院判决环保组织胜诉的环境公益诉讼案件。依据原《环境保护法》第六条"一切单位和

---

①　基本案情:贵阳市乌当区定扒造纸厂自 2003 年起经常偷排废水废气,屡次受到当地环境保护行政主管部门处罚。中华环保联合会、贵阳公众环境教育中心提起诉讼,请求判令定扒纸厂立即停排污水,消除危险并支付原告支出的合理费用。清镇法院一审认为,定扒纸厂向南明河排放严重超标工业废水,从直观上、实质上都对南明河产生了污染,严重危害了环境公共利益,故应当承担侵权民事责任。

个人都有保护环境的义务"，解决了环保组织原告主体资格的问题。环境公益诉讼实践蓬勃发展，为环境公益诉讼制度的建立积累了丰富的实践经验。

此外，各地也相继出台多例涉及环境公益诉讼的地方性法规。贵阳市2007年11月出台《关于环境保护法庭案件受理范围的规定》，2010年3月出台《贵阳市促进生态文明建设条例》《关于大力推进环境公益诉讼、促进生态文明建设的实施意见》。无锡市2008年出台《关于办理环境民事公益诉讼案件的试行规定》《关于在环境民事公益诉讼中具有环保职能的部门向检察机关提供证据的意见》。嘉兴市2010年出台《关于环境保护公益诉讼的若干意见》。海南省2011年出台《海南省级环境公益诉讼资金管理暂行办法》等，这些地方性法规的出台从环境公益诉讼制度建设、环境公益诉讼施行方法等方面，为环境公益诉讼制度的法律化提供了立法经验。

3.2012年至今:法律指导下环境公益诉讼制度的快速发展

从2012年开始，环境公益诉讼在一系列法律文件中得到确立，环境公益诉讼制度在法律的指导下开始走上快速发展的道路。

自2012年《民事诉讼法》的修改，公益诉讼获得了立法上的确认。[1]2012年8月31日第十一届全国人民代表大会常务委员会第二十八次会议通过《民事诉讼法》的修正案，首次在法律层面对环境公益诉讼进行了规定。新《民事诉讼法》第五十五条规定:"对污染环境、侵害众多消费者合法权益等损害社会公共利益的行为，法律规定的机关和有关组织可以向人民法院提起诉讼。"该条将公益诉讼制度引入到现有的法律框架之内，促进了环境公益诉讼制度的发展。

2014年4月24日，全国人大常委会审议通过了《环境保护法》的修订

---

① 洪浩、寿媛君:《我国公益诉讼制度构建的困境与出路——以新世纪以降相关文献梳理为视角》，《山东社会科学》，2017年第3期。

草案。新《环境保护法》第五十八条规定："对污染环境、破坏生态,损害社会公共利益的行为,符合下列条件的社会组织可以向人民法院提起诉讼:(一)依法在设区的市级以上人民政府民政部门登记;(二)专门从事环境保护公益活动连续五年以上且无违法记录。符合前款规定的社会组织向人民法院提起诉讼,人民法院应当依法受理。提起诉讼的社会组织不得通过诉讼牟取经济利益。"2015年1月6日,最高人民法院发布《最高人民法院关于审理环境民事公益诉讼案件适用法律若干问题的解释》(以下简称《解释》),主要对

社会组织可提起环境民事公益诉讼、环境民事公益诉讼案件可跨行政区划管辖、同一污染环境行为的私益诉讼可搭公益诉讼"便车"、减轻原告诉讼费用负担四方面内容作出了规定。①新《环境保护法》及《解释》的出台,为环境公益诉讼的适用提供了完善的法律指导,我国环境公益诉讼法律制度初步建立。

2015年最高人民检察院发布《检察机关提起公益诉讼改革试点方案》,决定开展为期两年的检察机关提起公益诉讼试点工作。检察机关在试点工作中发挥自身检察优势,主动提起环境公益诉讼案件,取得了良好的法律效果和社会效果。最高人民法院依法支持检察机关提起公益诉讼的试点工作,制定《人民法院审理人民检察院提起公益诉讼案件试点工作实施办法》,加

---

① 周利航:《最高法发布审理环境民事公益诉讼案件司法解释》,中国法院网,https://www.chinacourt.org/article/detail/2015/01/id/1529165.shtml。

大对试点地方法院的监督指导力度，保障了检察机关提起公益诉讼案件的正确审理。2017 年 6 月，全国人大常委会修改《民事诉讼法》和《行政诉讼法》，正式确立了检察公益诉讼制度，环境公益诉讼制度作为检察公益诉讼制度的重要类型得以进一步丰富和完善。[①]2018 年最高人民法院、最高人民检察院联合出台《关于检察公益诉讼案件适用法律若干问题的解释》，为检察机关提起环境公益诉讼提供了进一步的法律指导。

至此，我国的环境公益诉讼制度进入了新的发展阶段。

（二）我国环境公益诉讼取得的进展

我国环境公益诉讼制度从初期理论探索、中期司法实践到现在的法律指引，逐步走上了规范发展的道路。据统计，2015 年 1 月至 2018 年 9 月底，全国法院共受理各类环境公益诉讼案件 2041 件，审结 1335 件。其中社会组织提起的民事公益诉讼案件 205 件，审结 98 件；检察机关提起的公益诉讼 1836 件，审结 1237 件。[②]2019 年，全国法院共受理社会组织提起的环境民事公益诉讼案件 179 件，审结 58 件，同比分别上升 175.4%、262.5%。受理检察机关提起的环境公益诉讼 2309 件，审结 1895 件，同比分别上升 32.9%、51.4%，其中环境民事公益诉讼案件 312 件，审结 248 件；环境刑事附带民事公益诉讼 1642 件，审结 1370 件；环境行政公益诉讼案件 355 件，审结 277 件。[③]2020 年，全国法院审结社会组织提起的环境民事公益诉讼案件 103 件；审结检察机关提起的环境公益诉讼案件 3454 件[④]；2021 年，全国法院受理环

---

① 江必新：《中国环境公益诉讼的实践发展及制度完善》，《法律适用》，2019 年第 1 期。
② 江必新：《中国环境公益诉讼的实践发展及制度完善》，《法律适用》，2019 年第 1 期。
③ 数据来源：最高人民法院发布《中国环境资源审判（2019）》。
④ 数据来源：最高人民法院发布《中国环境资源审判（2020）》。

境公益诉讼案件 5917 件,审结 4943 件[①];2022 年,全国法院共受理一审环境公益诉讼案件5885 件、审结 4582 件[②]。环境公益诉讼制度在主体资格、诉讼模式、诉讼理念、制度规则等方面取得了显著进步,有力地维护了我国的环境公共利益。

1.诉讼主体:检察机关为主导,其他起诉主体为补充

从 2015 年开展为期两年的检察机关提起公益诉讼试点工作,到 2017 年《民事诉讼法》和《行政诉讼法》纳入检察公益诉讼制度,在环境公益诉讼领域,检察机关提起环境公益诉讼的数量猛增,开始占据绝对的环境公益诉讼数量比重。

历年环境公益诉讼的数量统计有多个版本,下面以人民法院网公布的数据为例。2015 年 1 月 1 日至 2016 年 12 月 31 日,全国法院共受理社会组织提起的环境公益诉讼一审案件 112 件,2015 年 7 月 1 日至 2016 年 12 月 31 日,全国法院共受理检察机关提起的环境公益诉讼一审案件 77 件。[③]人民法院"依法审理社会组织提起的环境民事公益诉讼案件。积极畅通诉讼渠道,构建有利于社会组织提起诉讼的程序和配套机制,环境民事公益诉讼案件呈现地域范围逐步扩展,受保护环境公益内容更加广泛的趋势。2018 年,全国法院共受理社会组织提起的环境民事公益诉讼案件 65 件,审结 16 件。同比 2017 年,受理数增加 7 件,上升 12.07%;审结数减少 22 件,下降 57.89%。""依法审理检察机关提起的环境公益诉讼案件。在遵循民事诉讼、行政诉讼基本制度基础上不断完善审理程序和裁判规则,促进依法行政、严

---

① 数据来源:最高人民法院发布《中国环境资源审判(2021)》。

② 数据来源:最高人民法院发布《中国环境资源审判(2022)》。

③ 刘婧:《统一裁判标准 引导有序参与 最高法发布十件环境公益诉讼典型案例》,中国法院网,https://www.chinacourt.org/article/detail/2017/03/id/2573898.shtml。

法行使职权或者不作为,致使国家利益或者社会公共利益受到侵害的,应当向行政机关提出检察建议,督促其依法履行职责。行政机关不依法履行职责的,人民检察院依法向人民法院提起诉讼。检察机关作为唯一的诉讼主体,起诉对象为负有环保职责的行政机关,针对该行政机关的违法作为或不作为,经过检察建议的前置程序,依法提起环境行政公益诉讼。

此外还有检察机关提起的环境行政公益诉讼附带环境民事公益诉讼和刑事附带民事公益诉讼两种情况。在行政附带环境民事公益诉讼中,行政公益诉讼和民事公益诉讼存在大量相同的事实和证据问题,在检察机关的主导下,可以做到两个诉讼的有效衔接,环境民事公益诉讼可以借环境行政公益诉讼得到实现。

如在"吉林省白山市人民检察院诉白山市江源区卫生和计划生育局、白山市江源区中医院环境行政附带民事公益诉讼案"中,因为白山市江源区中医院新建综合楼时,未建设符合环保要求的污水处理设施就投入使用,而白山市江源区卫生和计划生育局在白山市江源区中医院未提交环评合格报告的情况下,对其《医疗机构执业许可证》校验为合格,从而导致了医院周边自然环境遭到污染。当地检察机关依法履行职权,积极提起行政公益诉讼附带民事公益诉讼。采用行政公益诉讼与民事公益诉讼分别立案、一并审理的方式,做到了两个诉讼的有效衔接。通过行政公益诉讼督促白山市江源区卫生和计划生育局停止违法行政行为、履行法定环境监管职责,通过附带的环境民事公益诉讼,督促行政相对人停止侵害自然环境的行为,承担赔偿、补救等相应的法律后果,取得了良好的法律效果和社会效果。

3.诉讼理念:以环境恢复为核心的环境公益诉讼理念得到重视

环境公益诉讼的目的并非单纯地解决诉讼当事人之间的权益纠纷或者监督行政机关的行政行为,其根本目的在于维护环境公共利益,保护受到破坏的自然环境,将其恢复到最初未受破坏的状态。无论采取何种诉讼模式或者获得何种判决结果,只有环境修复活动完成并符合修复目标,才意味着环境修复责任的最终实现。[①]随着环境公益诉讼制度的发展,环境公益诉讼的目的由环境损害赔偿偏向了恢复环境原状,以环境恢复为核心的环境公益诉讼理念越来越得到重视。《最高人民法院关于审理环境民事公益诉讼案件适用法律若干问题的解释》第十八条规定了环境侵权主体承担民事责任的方式:停止侵害、排除妨碍、消除危险、恢复原状、赔偿损失、赔礼道歉,并在第十五条和第二十条中将"恢复原状"作为生态修复责任的方式。除了《固体废物污染环境防治法》中将环境恢复作为环境侵权责任的法律后果,其他环保类法律并没有作出将自然环境恢复原状的规定。将恢复原状作为环境侵权法律后果,是环境保护的根源性措施。

在天价环境公益诉讼案"江苏省泰州市环保联合会诉泰兴锦汇化工有限公司等水污染民事公益诉讼案"中,锦汇公司等六家企业于 2012 年 1 月—2013 年 2 月期间,将生产中产生的 2.5 万吨危险废物交由无危险废物处理资质的江中等公司,任由其偷排到泰兴市如泰运河、泰州市高港区古马干河中,造成了严重的环境污染。泰州市环保联合会诉请法院判令六家被告企业赔偿环境修复费 1.6 亿余元、鉴定评估费用 10 万元。泰州市中级人民法院一审认为,泰州市环保联合会作为依法成立的参与环境保护事业的非营利性社团组织,有权提起环境公益诉讼。六家被告企业将副产酸交给无处置资质和处置能力的公司,支付的款项远低于依法处理副产酸所需费用,导致大量副产酸未经处理倾倒入河,造成了严重环境污染,应当赔偿损失并恢复

---

① 胡静、崔梦钰:《二元诉讼模式下生态环境修复责任履行的可行性研究》,《中国地质大学学报》(社会科学版),2019 年第 6 期。

生态环境。①

我国传统的环境诉讼尤其是环境公益诉讼，大多注重对环境损害的赔偿，很少考虑对环境修复责任的承担，导致对环境侵权的赔偿数额较小，污染企业从污染环境中得到的收益远大于成本，从而难以达到遏制环境侵权、保护生态环境的目的。在该案中，泰州市环保联合会及司法机关，重视生态恢复，司法机关从生态恢复的角度判决锦汇公司等六家企业承担巨额的环境污染修复赔偿，具有重大的环境保护意义，对环境侵权行为产生了巨大的威慑作用。

4.制度规则：诉讼和审判规则逐步完善

随着有关环境公益诉讼法律法规的推行和环境公益诉讼司法实践的进行，环境公益诉讼和审判的规则也在逐步完善，其对环境公益诉讼的司法实践和法律完善起到了积极的反哺作用。

一方面，丰富和发展了诉讼证据制度，行为保全和证据保全制度得到积极应用。行为保全即环境保护禁止令，多被用在环境侵权类案件中，申请人为了防止破坏环境的行为人继续实施破坏环境的行为，可以向法院申请禁止令，从而及时制止被申请人破坏环境的行为。环境保护禁止令是"禁止令"制度在环境保护领域的一种尝试和探索，在全国多地得到实施。比如，2010年昆明制定的《关于办理环境民事公益诉讼案件若干问题的意见（试行）》对环境保护禁止令做了明确规定。2017年重庆渝北区法院发布了《环境保护禁止令实施办法（试行）》，试行环境保护禁止令。由于环境污染物具有较强的流动性，污染环境的证据容易被破坏，环境污染案件中证据的采集需要在特定的时间和地点，一旦错过采集时间和地点，污染环境的证据容易灭失，因

---

① 《江苏省泰州市环保联合会诉泰兴锦汇化工有限公司等水污染民事公益诉讼案》，人民法院网，https://www.chinacourt.org/article/detail/2017/03/id/2574322.shtml。

此证据保全对环境公益诉讼尤为重要。在环境公益诉讼中,证据保全制度得到积极地探索与实践。在"中华环保联合会、贵阳公众环境教育中心与贵阳市乌当区定扒造纸厂水污染责任纠纷案"中,贵州省清镇市人民法院(以下简称清镇法院)受理案件的同时,即依原告申请采取了拍照、取样等证据保全措施,固定了证据,并裁定责令定扒纸厂立即停止排污。①

另一方面,充分发挥技术专家在环境公益诉讼中的作用。环境公益诉讼通常会涉及许多的技术问题,环保组织、检察机关、法院等主体往往不具备相应的专业知识,因此需要积极发挥技术专家在证据采集、污染鉴定、因果认定、环境恢复方案制定等方面的作用,确保环境公益诉讼不受技术的限制。技术专家通常以陪审员、专家辅助人和技术专家咨询委员的形式参与案件,在司法实践中都受到不同程度的运用,取得了良好的效果。在"中华环保联合会诉江苏江阴长泾梁平生猪专业合作社等养殖污染民事公益诉讼案"中,梁平合作社等养殖场址靠近农庄,其生猪养殖项目建设未经环境影响评价、配套污染防治设施未经验收,在养殖过程中,造成对邻近村庄的严重污染。在案件的审理中,无锡市中级人民法院组织技术专家到庭发表专业性技术意见,法官专家技术意见的基础上适用法律,确保了审判的科学性、合理性。

二、检察机关在环境公益诉讼中的角色与定位

检察机关提起环境公益诉讼,是通过行使监督权,对造成生态环境破坏的个人、团体、社会组织,或对生态环境负有监督管理职责但怠于作为或者

---

① 《中华环保联合会、贵阳公众环境教育中心与贵阳市乌当区定扒造纸厂水污染责任纠纷案》,人民法院网,https://www.chinacourt.org/article/detail/2014/07/id/1329674.shtml。

不作为的行政机关等客体提起民事或者行政诉讼,维护环境公共利益,保护生态环境资源。我国已经形成了以检察机关为主导,其他适格主体为补充的环境公益诉讼制度,但因为检察环境公益诉讼还处于新兴阶段,因此需要对检察机关在环境公益诉讼中充当的角色和定位进行探索,为检察环境公益诉讼的发展提供保障。

(一)检察机关提起环境公益诉讼的理论定位

1.公诉权能扩张理论

在现代社会的环境保护领域,环境法律纠纷不再纯粹是当事人之间的利益之争,而是在环境命运共同体下,涉及整个社会发展的问题。当私权的滥用或者行政权的怠用危及社会公共利益时,更应强调国家对社会公共利益的维护。在环境保护问题日益严重的当下,需要充分发挥国家权能,将作为国家法律监督机关的检察机关纳入环境公益诉讼体系之中。生态环境带有公共利益的属性,为全体国民所共有,当生态环境遭到破坏时,受损害的并不只是单纯的利害关系个体,而是整个社会的环境公共利益,关乎环境命运共同体的建设。在我国,环境公益诉讼历来有立案难、取证难、胜诉难的困境,被破坏的环境公共利益很难得到有效保护,检察机关的公诉权能扩充到环境公益诉讼领域,可以补充有关组织和团体作为环境民事公益诉讼第一顺位的不足;在环境行政公益诉讼领域,需要扩充检察机关的公诉权,监督对环境保护负有责任的行政机关,督促相关法定主体依法履职。

检察机关通过公诉代表国家行使检察权,以维护国家的稳定和社会公共利益。充分发挥检察机关的检察权能,将检察机关在传统刑事领域的公诉权扩充,由检察机关代表国家,对破坏自然环境的违法犯罪行为提起刑事附带环境民事公益诉讼;对破坏自然环境的民事侵权行为,补充法律社会环保组织在环境民事公益诉讼中的不足；对行政机关违法行使职权或者不作为的行为提起环境行政公益诉讼。这种诉讼扩张行为是检察机关的检察权能在诉讼领域的新应用，而不是对检察机关公诉权能和检察体系的野蛮破坏。扩张传统公诉权能，符合检察机关行使法律监督权和维护社会公共利益的制度设计，因此具有正当性理论基础。

2.当事人扩张理论

在传统的诉讼当事人理论下，提起诉讼的适格原告必须与诉求存在"直接利害关系"。比如，《行政诉讼法》第二十五条规定："行政行为的相对人以及其他与行政行为有利害关系的公民、法人或者其他组织，有权提起诉讼。"《民事诉讼法》第一百一十九条起诉条件规定："起诉必须符合下列条件：（一）原告是与本案有直接利害关系的公民、法人和其他组织；"只有符合"利害关系"条件的诉讼主体才能提起诉讼。只有民事实体法律关系的主体才能成为民事诉讼的当事人，并且实体的关联性与判决的拘束力范围是统一的，即当事人、利害关系人与裁判拘束力所及范围形成三位一体的状态。[①]传统的诉讼理论从保护权益的角度出发，限定"利害关系"当事人是无可厚非的。但是随着社会的发展，传统的诉讼当事人理论已无法适用诉讼裁判的需要，个体与个体之间的权益纠纷被弱化，私人权益的交叉和融合使权益纠纷导向了社会公共利益，"利害关系"成了公共利益诉讼的桎梏。在环境公益诉讼领域，许多主体因缺乏"直接利害关系人"而难以进入司法程序，从而导致许多环境侵权案件不能走诉讼程序，以至于出现了许多关于环境公益诉讼的沉没案件。

扩张传统的诉讼当事人理论，有效地保护环境公共利益，是法律救济需

---

① 陈新民：《德国公法学基础理论》，法律出版社，2010年，第258页。

要突破的困境，诉讼信托理论和程序当事人理论为诉讼当事人扩张提供了理论依据。公共信托理论脱胎于罗马法，其含义是河流、海洋等是人民的公共财产，为了公共利益的需要通过"信托"的方式交由政府管理。"为了保护国家利益和社会公共利益，需要有一个'代言人'作为当事人以自己的名义提起诉讼，维护实体权利主体的权益。该'代言人'作为当事人，并非直接利害关系人，对诉讼标的也不享有正当利益，只是基于实体权利人的'信托'而享有程序意义上的诉权，以自己的名义提起诉讼并承担程序意义上的诉讼结果，这种信托基于法律规定而产生。"[1]即检察机关可以作为环境公共利益的"代言人"，虽然与环境侵权没有利害关系，但是享有环境实体权利"信托"而来的程序性诉权。程序当事人理论将诉讼当事人概念与实体上系争权利关系的主体分离开，不以实体法为标准来判断谁是案件中的当事人。[2]认为判断诉讼当事人是否适格，仅需判断其是否具有程序上的诉讼权利，而不在乎其是否具有"利害关系"的实体权利。检察机关作为法律监督机关，对环境侵权案件提起环境公益诉讼，可以被视为具有程序上的权利，因为扩张了传统的诉讼当事人理论。

（二）检察机关提起环境公益诉讼的功能定位

1.目的功能——保护环境公共利益

检察公益诉讼的目的，是指国家实行公益诉讼，并授权检察机关作为公益诉讼的起诉主体，所预期实现的目标和结果。构建检察公益诉讼制度的根

---

① 陈雪萍：《从信托的角度谈检察机关提起民事诉讼的正当性基础》，《法学杂志》，2005 年第 4 期。

② 孙洪坤、陶伯进：《检察机关参与环境公益诉讼的双重观察——兼论〈民事诉讼法〉第 55 条之完善》，《东方法学》，2013 年第 5 期。

本目的在于保护公共利益。①公益诉讼作为一种特殊的诉讼类型，是国家可持续发展战略等政策在诉讼制度上的体现，因此公益诉讼的目的不仅在于满足当事人的诉求，定分止争，更在于保护国家的环境和资源等公共利益。②检察机关公益诉讼的目的在于保护公益。环境公益诉讼的根本目的在于为公益诉讼注入可持续发展理念，保护环境公益，维护我国生态环境的可持续发展。

　　环境保护在我国发展多年，受到国家和社会的高度重视，因此对于环境权益的侵害，我国形成了丰富的环境权益救济途径，覆盖民事、行政、刑事等多个领域。但是在环境问题突出当下，这些救济途径并不能做到彻底的严防死守。司法作为权利救济的最后一种途径，理应在环境保护中发挥应有的作用。检察机关提起环境民事公益诉讼，比其他适格主体具备更强的专业性，可以通过法律监督让行政主体尽职履责，有效地弥补了其他环境公益诉讼主体的不足，并促使其发挥更大作用。检察公益诉讼成为环境公益保护的最后一道防线。

　　2.现实功能——弥补其他适格主体的不足

　　在我国，环境公益诉讼一直存在起诉难、诉讼难的问题。受资金、时间、"主体适格"等问题的困扰，社会上能够提起环境公益诉讼的适格主体往往没有足够的动力将环境公益诉讼付诸实践，即使成功进入诉讼程序，也会面临诉讼成本高、专业能力不足、地方保护主义等问题，最后不得不黯淡退场。

　　检察机关拥有提起环境公益诉讼的权力，可以摆脱公益诉讼立案难的困境。在"中国生物多样性保护与绿色发展基金会诉宁夏瑞泰科技股份有限公司等腾格里沙漠污染系列民事公益诉讼案"中，一审法院以中国生物多样

---

① 刘辉：《检察公益诉讼的目的与构造》，《法学论坛》，2019 年第 5 期。

② 樊崇义、白秀峰：《关于检察机关提起公益诉讼的几点思考》，《法学杂志》，2017 年第 5 期。

性保护与绿色发展基金会不符合环保法规定的"专门从事环境保护公益活动"的社会组织为由,驳回了其环境民事公益诉讼请求,二审法院维持原裁定,直到最高人民法院依法提审并审理后才认定了其为提起环境公益诉讼的适格主体。中国生物多样性保护与绿色发展基金会遇到的问题只是众多环境民事公益诉讼案中的一个缩影,而检察机关可以有效弥补此中的不足。此外,检察机关具有其他适格主体所缺乏的专业性诉讼能力,检察机关拥有专业的诉讼队伍,具备专业的诉讼经验,这是检察机关的先天优势,是其他适格主体无法比拟的。在诉讼中,检察机关可以顺利开展诉讼活动,起诉应诉,并凭借职权调查取证,搜集证据,满足诉讼的专业性要求。

检察机关具有法定的法律监督权,在环境行政公益诉讼中,可以监督行政机关的行政行为,对行政机关行为提出检察建议,督促其履行职责。此外,一些地区地方保护主义盛行,导致出现环境民事公益诉讼难、地方行政机关不作为的现象。"民间组织提起环境公益诉讼有三难,立案难、取证难、审判难,原因是地方保护主义的存在以及法律法规不完善。"[1]检察机关依法独立行使职权,既不受行政机关的干涉,又能对其进行法律监督,可以弥补其他适格主体的不足。

3. 制度功能——加快环境法治的法治体系和治理能力现代化

《中共中央关于全面推进依法治国若干重大问题的决定》指出:全面推进依法治国,总目标是建设中国特色社会主义法治体系,建设社会主义法治国家。依法治国,是坚持和发展中国特色社会主义的本质要求和重要保障,是实现国家治理体系和治理能力现代化的必然要求,事关中国共产党执政兴国,事关人民幸福安康,事关党和国家长治久安。"以法治为导向的国家治

---

[1] 范春生:《环境公益诉讼取证难立案难:或因地方保护主义所致》,中国法院网,https://www.chinacourt.org/article/detail/2015/10/id/1722428.shtml。

理体系和治理能力现代化过程,将是中国治理的重要方面。这既是一个理论上的问题,也是一个实践中的问题。国家治理系统中的一个子系统,即司法系统中司法权的运行最能体现法律的精神和原则,它不仅在社会治理中发挥着无可替代的功能,而且在国家治理体系中,得以通过其司法理性的传递促进各子系统及其相互关系的规范化和制度化,进而在根本上促进国家治理系统的适应,目标的达成、整合和维持功能的实现。"①法治是治国理政的基本方式。国家治理体系和治理能力现代化是一项艰巨且复杂的工程,需要各方合力,尤其是需要发挥司法体系的作用,使我国形成完备的法律制度体系。

司法体系是国家治理体系和治理能力的重要组成部分,在实现国家治理体系和治理能力现代化中发挥着重要作用。作为司法体制改革中一项重要分支,检察机关提起环境公益诉讼立足环境公益保护,是加快环境法治治理体系和治理能力现代化的重要手段,凸显了检察机关通过环境公益诉讼监督法律实施,为生态环境提供司法保障的职能作用。最高人民检察院前检察长曹建明指出:"探索建立检察机关提起公益诉讼制度,是党中央作出的重大战略决策,也是党和人民赋予检察机关的重大责任。"②通过检察机关提起环境公益诉讼,加快了环境法治改革步伐,立足本土法治资源,开拓了"国家力量"进入环境公益保护场域的中国道路。检察机关通过行使法律监督职权,介入环境公益保护,有助于形成严密的环境法治监督体系,通过监督行政机关依法、积极履职,提升了行政权力对环境保护的运行效率和能力,行政与司法在环境公益诉讼中形成了良性互动,推动了我国环境法治治理体

---

① 沈德咏、曹士兵:《国家治理视野下的中国司法权构建》,《中国社会科学》,2015 年第 3 期。

② 王治国:《攻坚克难推动试点工作稳妥有序开展 积极探索具有中国特色公益诉讼制度》,《检察日报》,2016 年 11 月 7 日。

系和治理能力的现代化。2020 年 3 月 3 日,中共中央办公厅、国务院办公厅印发的《关于构建现代环境治理体系的指导意见》,将健全环境治理监管体系作为构建现代环境治理体系一部分,强化对破坏生态环境违法犯罪行为的查处侦办,加大对破坏生态环境案件起诉力度,加强检察机关提起生态环境公益诉讼工作。①将推进检察环境公益诉讼制度作为构建现代环境治理体系,提升环境法治治理体系和治理能力现代化的重要手段。

(三)检察机关提起环境公益诉讼的本质定位

1.法律监督职权下的环境公益诉讼

检察机关是我国法律监督机关。《宪法》第一百三十四条规定:"中华人民共和国人民检察院是国家的法律监督机关。"《检察院组织法》第二条规定:"人民检察院是国家的法律监督机关。"作为法律赋予法定职权的检察机关,法律监督就是检察机关提起环境公益诉讼的本质定位,这是检察机关职权的第一要义,检察机关的公诉职权也是围绕法律监督展开的。在祝贺第二十二届国际检察官联合会年会暨会员代表大会召开的致信上,习近平总书记表示:"中国检察机关是国家的法律监督机关,承担惩治和预防犯罪、对诉讼活动进行监督等职责,是保护国家利益和社会公共利益的一支重要力量。"②中央全面深化改革委员会第三次会议强调:"设立最高人民检察院公益诉讼检察厅,要以强化法律监督、提高办案效果、推进专业化建设为导向,构建配置科学、运行高效的公益诉讼检察机构,为更好履行检察公益诉讼职

---

① 《中共中央办公厅 国务院办公厅印发〈关于构建现代环境治理体系的指导意见〉》,中国政府网,http://www.gov.cn/zhengce/2020-03/03/content_5486380.htm。

② 《习近平致信祝贺第二十二届国际检察官联合会年会暨会员代表大会召开》,《检察日报》,2017 年 9 月 12 日。

责提供组织保障。"①遵循法治的基本原则,恪守检察机关的宪法定位,始终是检察机关提起公益诉讼所必须遵从的基本准则。②检察公益诉讼作为一种顶层设计,其依托的主旨逻辑就是检察机关的法律监督职能。

一般而言,检察院的法律监督职责以司法监督为主,但并不意味着法律监督的含义仅限于此。《检察院组织法》给予了社会性法律监督的法定性,其第二条规定"人民检察院是国家的法律监督机关……维护个人和组织的合法权益,维护国家利益和社会公共利益"。检察机关作为宪法所确定的专门法律监督机关,除进行诉讼监督或司法监督外,还要进行存在于诉讼或司法之外的其他社会性监督,此为一般监督。③因此检察机关的法律监督不仅包含司法监督,民事诉讼、行政行为等都包含在法律监督之内,《民事诉讼法》第十四条规定:"人民检察院有权对民事诉讼实行法律监督。"《行政诉讼法》第十一条规定:"人民检察院有权对行政诉讼实行法律监督。"我国将公益诉讼纳入法律监督的体系之中,使检察机关通过公益诉讼的方式行使法律监督权,有效弥补了检察机关的法律监督职权在社会性监督中的薄弱环节。

检察公益诉讼是在推进国家治理体系和治理能力现代化的探索中产生的。"绿水青山就是金山银山"。"生态环境保护是功在当代、利在千秋的事业"。环境公益诉讼作为生态环境保护的最后一道防线,是检察机关行使法律监督职能的"时代回应",因此检察机关的公益诉讼职权,被打上法律监督的烙印。

检察环境公益诉讼打上法律监督的标签,在诉讼实践中不免会让人产生检察机关既当裁判又当守门员的疑惑,但事实上诉讼和监督不是对立的,

---

① 《习近平主持召开中央全面深化改革委员会第三次会议》,中国政府网,http://www.gov.cn/xinwen/2018–07/06/content_5304188.htm。

② 张忠民:《检察机关试点环境公益诉讼的回溯与反思》,《甘肃政法学院学报》,2018年第6期。

③ 汤维建:《民事诉讼法的全面修改与检察监督》,《中国法学》,2011年第3期。

公益诉讼是检察机关法律监督的职权延伸，是实现法律监督职权的途径之一。在最高检通报检察机关提起公益诉讼试点工作推进情况发布会上，最高人民检察院民事行政检察厅厅长郑新俭指出："检察机关是国家法律监督机关，履行法律监督是检察机关的基本职能。提起诉讼与对诉讼活动的监督，是检察机关履行法律监督职责的两种主要形式。就提起诉讼而言，这是对不遵守法律的机关、法人和公民个人进行的法律监督。"[1]检察机关通过环境公益诉讼行使法律监督的法定职权，维护国家利益和社会公共利益，维护环境公益。公益诉讼是手段，法律监督是本质；公益诉讼是承载检察机关行使法律监督的途径，法律监督是公益诉讼制度的本质属性和价值追求。"监督和诉讼两者之间存在着内在的联系，都具有维护法制的作用，诉讼是监督的主要手段，而监督又可以通过诉讼来实现。"[2]因此环境公益诉讼存在于检察机关法律监督职权的法律逻辑中，检察机关提起环境公益诉讼的定位就是在法律监督的职权下实现环境公益诉讼。

2.谦抑原则下的环境公益诉讼

（1）检察机关环境公益诉讼的谦抑原则

遵守法治原则，坚守宪法定位，坚持检察工作基本原则，是检察机关开展公益诉讼的前提。检察机关的权力核心是法律监督，在环境公益诉讼的背景下，检察机关要坚持法律监督的宪法定位，审慎地使用权力，避免检察机关权力的过度扩张，保持检察机关权力的谦抑性，避免对私权、私益或其他正当行使的行政权的侵害。检察机关权力的谦抑性借鉴了刑法谦抑性理论。刑事诉讼中的检察权行使，要尽可能地保持克制、妥协、宽容，这就是检察

---

① 《最高检通报检察机关提起公益诉讼试点工作推进情况》，中华人民共和国最高人民检察院网，http://gjwft.jcrb.com/2016/1y/gysstj/index.shtml。

② 孙谦：《设置行政公诉的价值目标与制度构想》，《中国社会科学》，2011年第1期。

权的谦抑性。[1]

在检察机关进行法律监督的过程中,尤其是在民事法律监督中,如果不保持检察权的谦抑性,很容易打破民事主体间的平等性权利构造,造成民事诉讼中双方诉讼权利的倾斜,因此即使为了环境公共利益,检察机关的公诉行为也不能轻易介入。只有当民事诉讼中出现因公共利益导致的诉讼权利不平衡现象时,检察机关才能介入其中。对于行政法律监督,检察机关主要监督行政机关的违法违规作为或者不作为。在环境行政公益诉讼中,需要检察机关审慎地进行法律监督,通过督促等前置程序督促行政机关正确行使行政权力,避免公诉权力的滥用。

在我国的环境公益诉讼制度设计中,检察公益诉讼起到的是在检察机关谦抑原则下的补充性作用。无论是环境民事公益诉讼还是环境行政公益诉讼,检察公益诉讼都是为了防止环境公共利益保护的落空而出现的,在适格主体不作为或者缺乏适格主体的"不得已"的情况下,检察环境公益诉讼才会启动,其目的是起到"民事的归民事,行政的归行政,剩余的归检察"的补充作用。

(2)诉讼前置中的谦抑性

在环境公益诉讼中,检察机关的谦抑性通过诉讼前置得以体现。诉讼前置一般是指在诉讼主体没有经过特定的权利救济之前,不得通过诉讼的方式寻求司法救济,其意义是节约司法资源,避免诉权的滥用。在环境民事公益诉讼领域,检察机关在履行职责中发现破坏生态环境和资源保护的行为时,必须在缺乏适格主体或者适格主体不提起诉讼的情况才能提起环境公益诉讼;在环境行政公益诉讼领域,要求检察机关必须先提起检察建议,只有行政

---

[1] 郭云忠:《检察权谦抑性的法理基础》,《河北法学》,2007年第5期。

机关不依法履行职责时，才能提起公益诉讼。

在"湖南省蓝山县环保局不依法履行职责案"中，被告廖某某在未办理环保、工商等手续的情况下，在当地设厂持续进行非法选矿生产十余年，该厂无任何污水处理设施，造成了严重的环境污染。蓝山县环境保护局作为环境保护主管部门，对廖某某的行为一直怠于履行监管职责。直到被中央环保督查组督查后，环保局才联合其他部门将该选矿厂强行关停，但未对厂内废水进行清理，导致继续污染环境。蓝山县人民检察院调查核实后，并未提起环境民事公益诉讼，而是向县环保局发出检察建议，建议县环保局立即采取有效措施，对环境损害责任方廖某某的选矿厂进行无害化处理，避免对环境造成进一步的污染，并责令相关人员制定修复方案。县环保局收到检察建议后，积极履行职责，督促廖某某对被污染环境进行治理，避免了环境的进一步污染。环境公益诉讼诉前程序取得良好效果。

由于在环境公益诉讼中，检察机关身兼公诉权与监督权，难免会导致检察机关权力外泄侵害私权情况的发生，因此需要检察机关秉持谦抑性，将自己的权力关进诉前程序的牢笼之中。只有履行完诉前程序，才能提起环境公益诉讼。对于行政机关在环境保护方面的失职行为，应避免诉前检察机关对行政权的不当干预，检察机关发挥的是替补性作用，通过提出检察建议的方式，让相关行政机关承担起其应有的职责，给予其自我修复的机会，而不是直接通过环境公益诉讼的方式代替相关行政机关行使环保职责，这是检察机关在谦抑原则中的自我约束，也是对行政主体的尊重。

三、完善我国环境公益诉讼制度

（一）社会环保组织和检察机关——优化环境公益诉讼制度的现实路径

1.社会环保组织

（1）社会环保组织提起环境公益诉讼现状

从 2012 年《民事诉讼法》第五十五条赋予社会组织提起环境公益诉讼的权利,到 2014 年《环境保护法》明确可以提起环境公益诉讼的环保组织资格要求,再到 2015 年最高人民法院出台《最高人民法院关于审理环境民事公益诉讼案件适用法律若干问题的解释》规定社会组织提起环境民事公益诉讼的主体资格和人民法院审理环境民事公益诉讼案件的相关程序, 社会环保组织提起环境公益诉讼制度已经走过了十余年。在这些年的发展中,随着各项法律法规、国家政策的相继出台,以及社会环保组织提起环境公益诉讼的实践探索, 我国已经走出了一条符合中国国情的环境民事公益诉讼道路, 并使得社会环保组织在环境民事公益诉讼中的作用日趋重要。数据显示,1995 年至 2014 年,全国各级法院共受理环境公益诉讼案件 72 件,其中原告是环保组织的为 17 起。①而从 2015 年新《环境保护法》正式实施以来,2015 年 1 月至 2018 年 9 月底, 全国法院共受理各类环境公益诉讼案件 2041 件,其中社会组织提起的民事公益诉讼案件205 件。②2019 年和 2020 年, 全国法院受理社会组织提起的环境民事公益诉讼案件分别为 179 件和 103 件。从案件数量来看,每年社会环保组织提起的环境公益诉讼数量已达

① 曹娴:《环境公益诉讼,任重道远》,《湖南日报》,2016 年 10 月 30 日。
② 江必新:《中国环境公益诉讼的实践发展及制度完善》,《法律适用》,2019 年第 1 期。

百余件。

与检察机关提起的环境公益诉讼相比,社会环保组织仍处于弱势地位,单从 2018 年数据来看,2018 年全国法院共受理社会组织提起的环境民事公益诉讼案件 65 件,受理检察机关提起的环境公益诉讼案件 1737 件。①且从 2015 年起,"经过 3 年的实践发现,社会组织提起公益诉讼的案件数量呈下降趋势。根据民政部发布的数据,全国有 700 余家社会组织具备提起环境公益诉讼的资格。但3 年来,全国只有 25 家社会组织提起过环境公益诉讼,并且多数都是几家社会组织作为共同原告起诉"②。诉讼主体和诉讼案件的数量,是社会环保组织提起环境公益诉讼的一个侧面反映,案件数量基数小、占比低,可以提起环境公益诉讼的主体数量少,社会环保组织提起环境公益诉讼任重道远。

(2)社会环保组织提起环境公益诉讼面临的困境

①客观困境——环境公益诉讼成本高,社会环保组织经费不足

资金是进行环境公益诉讼的前提。相较于传统的民事纠纷来说,环境公益诉讼需要付出大量的成本。环境公益诉讼需要在调查取证、鉴定、诉讼等方面投入大量的资金,比如环境案件的环境损害鉴定费少则几万,多则上百万。环境公益诉讼的环境损害赔偿等诉讼标的往往都很高,相应地也拉高了

---

① 《〈中国环境资源审判 2017—2018〉、〈中国环境司法发展报告 2017—2018〉及生态环境保护典型案例新闻发布会》, 中国法院网,https://www.chinacourt.org/chat/fulltext/listId/51171/template/courtfbh20190302.shtml。

② 王琳琳:《保障社会组织开展公益诉讼需精准施策》,《中国环境报》,2018 年 3 月 14 日。

起诉费用。此外,环境公益诉讼案件具有专业性、复杂性等特点,诉讼周期长,需要耗费社会环保组织大量的时间成本。比如在"常州毒地案"中,从2016年4月提起诉讼到2018年12月二审判决,耗时近三年,且一审自然之友和生物多样性保护与绿通发展基金会(以下简称为绿发会)败诉,需要负担189万元案件受理费。在"'自然之友'诉陆良化工厂案"中,自然之友的环境公益诉讼被700万的生态环境损害鉴定费用困在了原地。

社会环保组织从事环保工作,不以营利为目的,其收入主要靠收取会费、社会捐助以及政府或主管单位的拨款,社会环保组织大多情况下资金都不足,掣肘了环境公益诉讼的进行,且在进行环境公益诉讼时,环保组织不能从审判结果中获益,造成了高成本与零回报的收支困局。调查显示,只有4%的环保组织认为环境公益诉讼成本不是问题, 而41%的环保组织认为环境公益诉讼成本超过了自身的资金承受范围, 还有48%的环保组织认为环境公益诉讼成本勉强能承受。[1]以著名的环保组织绿发会为例,其官网公布的收支信息显示,到2020年初,收入总额2698万余元,支出总额2369万余元,收支基本平衡,但是要兼顾物种保护、环境保护、公益诉讼等多项活动。高昂的诉讼成本和经费的不足,成为社会环保组织提起环境公益诉讼的"不能承受之重"。

②主观问题——社会环保组织提起环境公益诉讼动力不足

动力不足也是社会环保组织提起环境公益诉讼面临的困境。调查显示,环保组织对参与环境公益诉讼的态度相当谨慎。被调查的环保组织只有30%表示环境公益诉讼将是本组织的首要维权手段;而57%的环保组织则比较谨慎,表示不会轻易提起环境公益诉讼;更有11%的环保组织明确表达了

---

① 《〈环保民间组织在环境公益诉讼中的角色和作用〉调研报告摘要》,中华环保联合会网,http://www.acef.com.cn/zhuantilanmu/2013hjwqtbh/huiyinarong/2014/0303/12495.html。

在物质层面,要建立激励资金保障制度,加强环境公益诉讼资金保障,在确保环保组织收支透明和用于修复环境的胜诉资金充足的前提下,允许环保组织从胜诉资金中抽取一定比例的份额进行资金积累,以便用于提起下一次环境公益诉讼。环保组织是非营利性质的,其宗旨是环境公益保护。在公开透明和满足环境保护的前提下,从胜诉资金中抽取资金用于公益事业,并不违背环保组织的宗旨和性质。

2.检察机关

由检察机关提起环境公益诉讼是我国依托本土法治资源对环境公益诉讼制度的新探索,检察机关在依法履行宪法授予的法律监督职能的前提下,实现保护环境公共利益的迫切要求。在正式提出建立检察机关环境公益诉讼制度之前,我国在司法领域中有过多起实践经验,但这些司法实践都是分散的、不成体系的。从2015年最高人民检察院发布《检察机关提起公益诉讼改革试点方案》决定开展为期两年的检察机关提起公益诉讼试点工作,到2017年《民事诉讼法》和《行政诉讼法》正式确立,检察机关环境公益诉讼制度在我国还不满五年,是一个"新事物"。

虽然是一个新事物,但检察机关提起环境公益诉讼的发展迅猛。据统计,2015年和2016年两年时间,检察机关提起环境公益诉讼77件,但2017年猛增至1304件,2018年达到1737件,对比同期的社会组织提起环境公益诉讼(2017年58件,2018年65件),检察机关提起环境公益诉讼的发展不可谓不快,已经成为环境公益诉讼的中流砥柱。

但是,作为新事物的检察机关提起环境公益诉讼制度在快速发展的同时,"政策式"的环境公益诉讼导致配套法律措施的推进跟不上司法实践的速度,必然导致许多问题的出现,这些问题是我们需要正视的。

（1）检察机关提起环境公益诉讼的困境

①行政化倾向明显

从近几年的发展来看，检察机关提起环境公益诉讼带有明显的政治性要求，行政化倾向比较突出。比如，在检察公益诉讼两年的试点期内，最高人民检察院要求检察机关提起环境公益诉讼需做到"三步走"：2016年上半年，各试点地区一个不少实现起诉案件零的突破；2016年底，所有试点市级检察院均有案件起诉到法院；2017年上半年，所有试点基层检察院消灭起诉案件空白。[1]通过行政指导的方式，从顶层施压，对于检察公益诉讼的前期发展是很有必要的，但同时也造成检察公益诉讼的"野蛮生长"。有些地区检察机关为了完成任务，以结果为导向，对一些超出行政机关职权范围的案件，仍提起环境公益诉讼。检察机关在诉前程序中对于行政行为的审查兼采行为标准与结果标准，并且往往以结果未能制止环境公益受到的侵害（即环境污染或生态破坏仍然存在）而提起环境行政公益诉讼。[2]

行政化导致的快速发展，使环境公益诉讼以完成上级的指标任务为首要目标，导致出现许多"劣质"案件。从案件质量上看，尽管各地审理了一批具有标志性意义的重大典型案件，但仍有相当一部分案件质量偏低，裁判文书说理不充分，环境公益诉讼指引、评价和政策形成功能未能得到有效发挥。[3]

②诉讼规则不完善

2017年，《行政诉讼法》和《民事诉讼法》对检察公益诉讼做出了规定。2018年最高人民法院和最高人民检察院发布检察公益诉讼司法解释，完善

---

[1]　《检察机关公益诉讼试点全面"破冰"13个试点地区均提起公益诉讼》，最高人民检察院网，https://www.spp.gov.cn/spp/xwfbh/wsfbt/201607/t20160718_152659.shtml#1。

[2]　刘超：《环境行政公益诉讼诉前程序省思》，《法学》，2018年第1期。

[3]　江必新：《中国环境公益诉讼的实践发展及制度完善》，《法律适用》，2019年第1期。

环境公益诉讼的诉讼规则。由于环境公益诉讼司法实践的快速发展,配套法律措施依然表现出了滞后性,出现了诉讼规则不完善的局面。比如,关于检察机关在公益诉讼中充当的当事人的地位认定,"公益诉讼起诉人"的权利义务与传统诉讼当事人的异同,诉前程序的适用条件,具体操作流程,环境行政公益诉讼的受案范围,"'怠于履行法定职责'或'不依法履行职责'"的认定标准,等等,目前还没有明晰的界定说明,需要检察机关在办理案件中把握,限制了检察机关的能动性。

③制度衔接不流畅

制度衔接的不流畅主要体现在两个方面。在内部,检察机关提起环境公益诉讼可以通过三种途径,即刑事附带环境民事公益诉讼、环境民事公益诉讼和环境行政公益诉讼,涉及了刑事、民事和行政三个方面。有些案件牵涉多个因素,模糊了案件的本质属性,导致检察机关在处理环境公益诉讼案件中把握不好环境公益诉讼的定位,将许多"似是而非"的案件纳入环境公益诉讼案件当中,割裂了刑事、民事和行政诉讼的关系,没有做到制度上的有效衔接。

在外部,一方面是与行政机关的衔接,环境公益诉讼的目的在于维护环境公共利益,需要各部门的共同努力。但是,拥有法律监督权的检察机关与行政机关具有天生的对立性。尤其在环境公益诉讼中,二者处于对立面,无法相互配合形成合力,无法完成环境公益诉讼的目的。另一方面是社会环保组织,检察机关与环保组织之间没有形成有效的配合。检察机关侧重于环境行政公益诉讼,环保组织则只在环境民事公益诉讼中。检察机关通过支持起诉的方式对环保组织给予支持,在其他方面的沟通和衔接仍存在很大的空白。

（2）检察机关提起环境公益诉讼的完善

①坚守法律监督定位，保持谦抑性

检察环境公益诉讼的定位在于，在法律监督的职权下实现环境公益诉讼。检察机关在环境公益诉讼中要审慎地使用权力，避免权力的过度扩张，保持检察机关权力的谦抑性，避免对私权、私益或行政权的侵犯。在环境公益诉讼制度快速发展的今天，不能因政治任务或者指标要求等原因，只追求检察环境公益诉讼的速度而忽视质量，不能打破检察机关法律监督的宪法定位，要保持谦抑性。提起环境公益诉讼要在法律设计的框架内进行，发挥好检察公益诉讼的诉前程序，做好支持起诉工作，充分调动社会组织和行政机关对于环境公益诉讼工作的积极性，切实履行宪法赋予的监督职责，避免滥诉行为的发生。在切实尊重法律，尊重私权利、行政权力的前提下，开展环境公益诉讼工作，促进环境公益诉讼的良性发展。

②加强基础理论研究，完善诉讼规则

我国的环境公益诉讼制度处于高速发展期，相应的法律配套措施还不完善，没有形成系统的法律体系，基础理论研究有待深入，检察环境公益诉讼还没有完成符合环境保护客观需要的时代要求。要在充分发挥制度自信的基础上，加强检察环境公益诉讼的基础理论研究，立足本土法治资源，深刻认识检察环境公益诉讼的制度本质和优势，为检察环境公益诉讼提供强有力的理论支撑。树立检察环境公益诉讼的社会理念，结合检察环境公益诉讼的司法实践，形成检察环境公益诉讼在刑事、民事、行政三个领域的有效结合。探索环境公益诉讼规则的完善，对检察机关在公益诉讼中充当的当事人的地位、"公益诉讼起诉人"的职责、环境行政公益诉讼的范围和启动等争议问题作出法律解释。通过完善检察环境公益诉讼的诉讼规则，确保检察环境公益诉讼在法律的指导下进行。

③强化制度之间的沟通与衔接

要完善检察机关提起环境公益诉讼内部关于刑事、民事、行政诉讼三方面的协调机制，在刑事附带环境民事公益诉讼和行政附带环境民事公益诉讼制度中，建立有效的刑事诉讼、行政诉讼与民事诉讼的衔接，在保护环境公共利益的基础上节约司法资源。

加强检察机关与行政机关的分工合作，树立共同的环境公共利益保护理念，在保护环境公共利益的价值指引下，发挥检察机关的司法诉讼优势和行政机关的职能优势，充分利用检察建议的诉讼前置程序，恪守检察机关的法律监督，确保不侵犯行政机关的法定职权，促进行政机关的自我革新和自我完善，实现检察机关与行政机关在环境公共利益保护中的共同发展。加强检察机关与社会环保组织的沟通协调，利用支持起诉制度，对于检察机关在行使职权过程中发现的涉及环境民事公益诉讼案件，及时沟通社会环保组织支持起诉；发挥社会环保组织具有的扎根社会和发现案源的优势，与检察机关的诉讼业务能力形成优势互补。理顺检察机关与行政机关、社会环保组织之间的关系，加强制度间的沟通协调，使环境保护沿着良性互动的方向发展。

（二）环境公益诉讼主体多元化——完善环境公益诉讼制度的未来路径

1.改革——环保行政机关提起环境公益诉讼

（1）环保行政机关提起环境公益诉讼的现状

环保行政机关提起环境公益诉讼在我国已有多年的实践经验和法律经验，但是并未取得良好的效果。2010 年最高人民法院出台的《关于为加快经济发展方式转变提供司法保障和服务的若干意见》规定，"人民法院应当依法受理环境保护行政部门代表国家提起的环境污染损害赔偿纠纷案件,严厉打击一切破坏环境的行为",正式确定了环保行政机关提起环境公益诉讼的资格。2012年修改的《民事诉讼法》第五十五条规定,"法律规定的机关"可以提起诉讼,这一规定在2017年新修订的《民事诉讼法》中得到了贯彻。"法律规定的机关",一般指负有环境保护职责的环境行政机关,但是《民事诉讼法》对"法律规定的机关"提起环境公益诉讼主体资格进行笼统的确认后,并没有像《环境保护法》对环保组织的规定一样,进一步对"法律规定的机关"进行解释,仅在《海洋环境保护法》规定了"行使海洋环境监督管理权的部门"可以提起公益诉讼,其范围之窄,可见一斑。因此行政机关提起环境公益诉讼受到很大束缚。在诉讼实践方面,行政机关提起环境公益诉讼的案件较少,比较受到社会关注的如"2002年的天津市海洋局和天津市渔政渔港监督管理处提起的渤海塔斯曼海轮溢油案""2012年陕西省韩城市环保局诉白矾矿业案"等案件,都取得了良好的效果。

(2)环保行政机关提起环境公益诉讼的优势

①环保行政机关的行政属性

环保行政机关具有行使环境保护职权的法定职能,是保护环境公共利益的天然主体,相比于环保组织,环保行政机关提起环境公益诉讼,可以不受利益的驱动。环保行政机关作为政府部门,不具有营利性,其提起环境公益诉讼的唯一目的在于保护环境公共利益,可以最大限度地实现环境保护的价值追求。环保行政机关提起环境公益诉讼往往是在环境行政执法不能、执法不公的情况下进行的,因而对环境公益诉讼被告带有明显的对立性,不可能通过接受环境公益诉讼被告私下补偿的方式"息事宁人",有利于环境公共利益的维护。

行政机关提起环境公益诉讼,也可以打消地方法院对地方行政权的顾虑,方便环境公益案件的立案和诉讼。此外,对于社会环保组织等诉讼主体,环境行政机关能起到带头作用,在有多主体共同起诉的案件中,可以调和各主体间的矛盾,确保环境公益诉讼顺利开展,从而维护环境公共利益。

②环保行政机关的职能优势

环保行政机关作为法定的环保职能部门,其职责就是保护环境公共利益。在工作中,环保行政机关应尽职尽责,用尽一切方法保护环境,环境公益诉讼是其最后的环保手段。

环保行政机关相对于社会环保组织和检察机关来说,具备明显的环保职能优势。通过国家对环境保护工作的重视和环保部门的多年发展,环保行政机关在环保工作经验、专业人才能力、检测设备配备等方面形成了天然的优势,环保行政机关可以利用自身专业知识和环保实践经验,在环境公益诉讼中得心应手,有利于诉讼活动的进行。环保行政机关提起环境公益诉讼大都是在行政处罚手段不足、其他适格主体空缺的情况下进行的,此时的环保行政机关已经通过调查掌握大量单位污染环境的资料和证据,因而可以有针对性地对重点案件提起环境公益诉讼,着力解决环境污染的突出问题。

③弥补行政手段的不足

环保行政机关提起环境公益诉讼可以有效弥补环保行政手段的不足。一方面,环保行政机关提起环境公益诉讼可以弥补环境执法的不足。环保行政机关对污染环境的主体通过环境行政罚款或者限期整改、责令停产停业的方式对处罚进行处罚,但即使是对处罚主体进行顶格处罚,其受处罚的罚金与其通过污染环境获得的收益相比是微乎其微的,且罚金数额对遭受破坏的生态环境的修复,往往是杯水车薪。且因为行政权的自身限制,环保机关无法责令违法主体承担赔偿环境损失、恢复环境原状的民事责任,只有环保机关自我降格,通过环境公益诉讼的方式,变成与环境污染主体平等的民事主体,才能追究环境污染主体的环境污染民事责任。另一方面,由于环境污染案件的举证难,环保行政机关因没有证据或难以取得证据出现了大量执法不能的情形,而在环境民事公益诉讼中,环境污染侵权的举证责任倒置,环保行政机关只需要证明污染事实的发生即可,证明污染行为与被告有无关联、有无因果关系,就成了被告的责任,从而很好地解决了取证难的困境。

(3)环保行政机关提起环境公益诉讼的完善

和检察机关一样,环保行政机关的行政权具有公权力属性,环保行政机关提起环境公益诉讼应避免对私权的侵犯,有效地控制行政权力在环境公益诉讼领域扩张,同时要避免对司法资源的浪费。

具体来说,环保行政机关提起环境公益诉讼,应在穷尽行政手段仍无法解决环境污染问题的情形下启动,并将其作为环境公益诉讼体系中的辅助补充手段。所谓穷尽性,是指环保行政机关作为负有环境保护职责的部门,对社会上产生的环境污染行为具有监督管理的职责,通过行政监管、行政处罚等行政行为就可以解决的环境污染问题,不能直接借助环境公益诉讼。否则,这既是不依法履行自身职责的表现,也造成了行政资源和司法资源的双重浪费。因此,环保机关提起环境公益诉讼必须在穷尽行政手段仍无法解决问题的情形下进行,将提起环境公益诉讼作为环保行政机关保护环境公共利益的最后屏障。同时,应参考检察建议,对环境污染主体要先行提出污染治理的督促建议。只有在环境污染主体拒绝履行或者履行不利的情形下,环境公益诉讼才能启动。

辅助补充手段是指,行政环保机构提起环境公益诉讼的定位应是对其他适格主体提起环境公益诉讼的补充。在有其他适格主体的情形下,其他适格主体提起环境公益诉讼的优先度更高。可以参考检察环境公益诉讼的前置程序,对存在其他适格主体的情形,环保行政机关应支持起诉,帮助其提起环境公益诉讼，只有在其他适格主体缺乏或拒绝提起环境公益诉讼的前提下，环保行政机关才能提起环境公益诉讼。

2.展望——公民提起环境公益诉讼

（1）公民提起环境公益诉讼在立法中未被确认

在环境污染问题越发严重的今天，发展和完善环境公益诉讼制度是解决环境问题的重要方法之一，探索环境公益诉讼主体资格的完善，是构建环境公益诉讼体系的基础。近年来，我国通过环境保护法、民事诉讼法和行政诉讼法的修改，先后确认了社会环保组织、行政机关和检察机关提起环境公益诉讼的资格，为我国环境公益诉讼制度的发展奠定了基础，环境公益诉讼制度在司法实践中取得长足的进步，环境公共利益得到了保护。

但现行法律未赋予公民提起环境公益诉讼的权利，将公民排除在环境公益诉讼主体之外。我国的环境公益诉讼制度建立不久，为维护制度的稳定性，将公民排除在环境公益诉讼之外，立法者有其自身的谨慎性考虑。但作为环境公共利益损害的最直接感受者与维护者，完善我国环境公益诉讼制度，将公民纳入环境公益诉讼之中，赋予公民提起环境公益诉讼的资格，是环境公共利益保护的应有之义。

在实践中，我国有多起公民提起环境公益诉讼的经验，但大多以失败告终，归根结底是因为主体资格不明。公民提起环境公益诉讼最早可以追溯到2005年"松花江污染案"，北京大学法学院三位教授及三位研究生向黑龙江省高级人民法院提起环境公益诉讼，造成污染的企业吉林石化分公司及其母公司承担责任，但被黑龙江高级人民法院以口头方式通知"本案与你们无关、目前本案不属于人民法院的受案范围"，本案未被受理。①2016年的"清镇

---

① 李淑文：《中国环境公益诉讼制度的建构——以中国一起重大水体污染案件为例》，《环境保护》，2009年第4期。

市屋面防水胶厂环境公益诉讼案件"被誉为公民个人提起环境公益诉讼第一案,环保志愿者蔡长海以自己名义向法院提起环境公益诉讼,得到法院受理,并获得胜诉。但相较于"清镇市屋面防水胶厂环境公益诉讼案件",大多数公民提起环境公益诉讼的案件都被法院以主体不适格为由拒绝立案。如比较著名的"任坚刚诉超彩钛白科技有限公司环境污染案",法院以公民不是环境公益诉讼的适格主体而驳回起诉。

（2）公民提起环境公益诉讼的重要意义

①公民具有保护环境公共利益的权利和义务

在现代社会,公共利益和私人利益是密不可分、相互交融的。环境公共利益为全民所共有,是单个个体所享有的环境利益相加的总和,保护环境公共利益最终的受益者就是公民。公民有保护公共利益的权利,因此保护环境公共利益就是保护公民的个人环境权益。环境公共利益的损害,往往也意味着个人利益的受损,公民可以通过维护个人环境利益的方式达成维护环境公共利益目的。因此,公民有权利通过诉讼的方式对环境公共利益寻求司法救济。

权利和义务是对等的,公民在享受环境公共利益的同时,有义务维护环境公共利益不受侵犯,这种维护方式不单单限于监督权的行使,还可以通过环境公益诉讼的方式维护。《宪法》规定:"国家保护和改善生活环境和生态环境,防治污染和其他公害。"公民可以参与国家和社会的管理,在公权力对维护环境公共利益缺位的情况下,公民作为社会公共利益的利害关系人,可以作为适格主体对环境损害行为提起环境公益诉讼。公民提起环境公益诉讼,是公民参与环境公共利益保护的应有权利。

②环境公共利益保护需要依靠群众

保护环境公共利益需要紧紧依靠群众,发挥群众的作用。公民作为环境公共利益保护的一分子,是维护环境公共利益的基础力量。鼓励公民参与环境保护，提高公民环保权利意识，可以形成群众性的环境公共利益保护格局。目前,我国公民对环境公共利益的权利意识不够强,维护环境公共利益的积极性不高,很大一部分原因就是没有维权途径,只能通过行使监督权,向有关部门检举揭发,需要借助公权力,而无法直接维护环境公共利益。

因此,公民需要环境公益诉讼这种最直接的方式维护环境公共利益。公众参与是我国环境保护的基本准则。公民提起环境公益诉讼可以视为公众参与环境公益保护的积极举措,有利于调动公民参与环境保护、维护环境公共利益的积极性。同时,公民作为社会环境治理的最小单元格,由公民提起环境公益诉讼,可以利用自身优势,与检察机关、环保组织等适格主体产生优势互补作用,形成系统性的环境公共利益保护格局。

③构筑环境民意诉求安全阀,疏解环境群体性事件

随着环境问题的日益严重,环境群体性事件频发,不利于社会稳定。司法是维护社会公平正义的最后一道防线。环境群体性事件发生的原因就是环境公共利益破坏导致个体环境利益的受损。而个体遭受的损害无法通过正常的途径得到救济,迫使公众通过制造环境群体性事件等非正常途径表达环境权益诉求。法律内的维权途径被堵塞,个人的环境权益诉求就只能突破法律的阀门。汇集而成的非理性民意造成环境群体性事件,进而破坏地方的维稳工作。环境公共利益遭受破坏使公民产生出愤懑不满的情绪,而环境公益诉讼可以作为维护公民维护环境公共利益的最后一道屏障，使公民在法律的框架内宣泄情绪。

面对突出的环境问题和无法宣泄的环境权益诉求,应当正确表达和引导民意,通过环境公益诉讼构建环境民意的"安全阀",发挥缓冲社会环境矛盾和冲突的作用。对于社会公众因环境公共利益破坏而产生的不满情绪,允

许其通过提起环境公益诉讼的方式在法律之内表达诉求，减少环境群体性事件出现的可能性，使环境公益诉讼发挥出为社会环境压力解压的"安全阀"功能。

（3）公民提起环境公益诉讼的展望

实际上，无论自然人、社会组织、检察机关还是行政机关，作为原告参与公益诉讼都存在各自的优势和劣势。因此，建立一种互补的多元制主体模式将更符合现实所需。每一个人都是自己利益的最佳保护者，赋予公民以公益诉讼起诉权是法律和社会发展的必然趋势。①

虽然现阶段我国还没有将公民纳入环境公益诉讼的范围之内，但是随着环境公益诉讼实践的发展和相关配套法律措施的完善，待时机成熟后，应赋予公民提起环境公益诉讼的资格，使公民可以通过环境公益诉讼表达自身的环境权益诉求。建议构建一套涵盖检察机关、环保行政机关、社会环保组织、公民等具有多元主体在内的环境公益诉讼制度，健全我国环境公益诉讼体系，发挥各主体间优势互补和沟通协调功能，更好地保护我国的环境公共利益。

---

① 齐树洁：《我国公益诉讼主体之界定——兼论公益诉讼当事人适格之扩张》，《河南财经政法大学学报》，2013 年第 1 期。

第四章
区域环境协同治理的现实困境及其对策

　　二十大报告将"人与自然和谐共生的现代化"上升到"中国式现代化"的内涵之一,再次明确了新时代中国生态文明建设的战略任务。报告指出,"要推进美丽中国建设,坚持山水林田湖草沙一体化保护和系统治理,统筹产业结构调整、污染治理、生态保护、应对气候变化,协同推进降碳、减污、扩绿、增长,推进生态优先、节约集约、绿色低碳发展。"我国历来注重区域协同发展,京津冀地区、长三角地区、珠三角地区等区域一体化在政治、经济、文化建设等方面都取得了优异的成绩。推进生态文明建设、加快生态文明体制改革,需要发挥区域协同治理的力量。通过实施区域环境协同治理,以点带面地保护生态环境,推动人与自然和谐发展现代化建设新格局的实现。

　　随着城市化进程的加快,以产业集聚为基础的城市群不断增长和扩大,我国形成了跨区域协调发展新格局。2018 年,中共中央正式宣布支持长江三角洲区域一体化发展并上升为国家战略。在此背景之下,我国形成了长江三角洲区域一体化、京津冀协同发展、长江经济带发展、粤港澳大湾区建设的四大跨区域协调发展的区域发展总体格局。跨区域发展打破了区域行政壁垒,构建了新时代区域协调发展的新机制,有利于推动各地充分发挥自身优势,极大提高了区域经济发展的总体效率。具体分析,四大区域将承载着不同的职责:长江三角洲区域一体化有利于理顺我国区域发展格局,促进各大区域战略的互补互动、互联互通;京津冀协同发展以疏解北京非首都功能为目的,同时高标准建设雄安新区,通过北京、天津、河北三地探索出人口密集地区优化发展的新模式;长江经济带推动沿江 11 个省市联动发展,通过长江水道串联起长三角地区、长江中游地区、成渝经济区,"共抓大保护,不搞大开发",致力于生态环境的保护;粤港澳大湾区包括广州、深圳、珠海、佛山、惠州、东莞、中山、江门、肇庆 9 市和香港、澳门两个特别行政区,全面推进内地和港澳的互利合作,推动经济高质量发展,建设可持续发展的超级都市圈,打造湾区经济,建立对外贸易平台。①

近年来,在我国经济增长、区域协同快速发展的同时,区域环境污染也不断加剧,各类环境问题突出,能源消耗集中、废弃物排放强度大,环境质量彼此影响,跨界污染和污染纠纷频频发生,特别是区域内不同城市间大气污染、水污染相互作用明显,污染传输影响大,成为阻碍人们生活质量提升的关键因素。面对区域内突出的环境污染问题,各地政府若按照原有的治理模式,固守各自的行政区划采取仅作用于本行政区的治理手段,就算取得了一定的治理效果,也会随着相邻区域的环境问题而再次受到影响。因此,针对区域内城市群的环境污染问题,各地政府间的协同治理是必然的选择。

---

① 梁倩:《我国形成跨区域协调发展新格局》,《经济参考报》,2018 年 11 月 8 日。

一、区域环境污染状况

（一）区域大气污染

大气污染是指大气中的污染物在一段时间内达到了一定浓度，并超过了大气环境自身能够承受的范围，破坏了大气自净作用。大气污染的发生并不只有人为因素，与污染物排放源高度、强度，以及气象和地形因素等密不可分。2018 年世界卫生组织（WHO）在波兰召开的联合国气候变化大会上发布了一份报告，报告称使用化石燃料造成的大气污染会引起哮喘、肺癌、中风等症状，全世界每年有 700 万人因此丧命，并且每年约有人民币 606.5 亿元用于治疗这些病症。[①]党的十九大报告指出："坚持全民共治、源头防治，持续实施大气污染防治行动，打赢蓝天保卫战。"党的二十大报告提出，要深入推进环境污染防治。持续深入打好蓝天、碧水、净土保卫战。加强污染物协同控制，基本消除重污染天气。这说明党中央对国家生态环境，特别是对大气污染防治的高度重视，坚定了党和政府对环境治理的决心和信心，为各级政府治理大气污染指明了方向。

近年来，我国的大气污染总体情况有所改善，但仍不容乐观。在我国区域协同发展的大背景下，我国城市大气污染情况已呈现区域化特点，大气污染在城市间存在长距离跨区域传输现象，[②]相邻城市的大气污染程度和时间变化规律都呈现出较高的相似度，比如北方的北京、天津、石家庄城市群，南

---

① 崔天也：《大气污染每年造成 700 万人死亡 WHO 呼吁减少化石燃料》，环球网，https://world.huanqiu.com/article/9CaKrnKfCif。

② 曹治国、沈墨海等：《冬季若干典型城市大气污染模式及跨区域传输》，《环境科学与技术》，2016 年第 S1 期。

方的南京、上海、宁波城市群尤为明显。

本书结合环保部从 2015—2018 年发布的《中国环境状况公报》[①]，针对全国 338 个地级及以上城市的环境空气质量问题作出如下的图 4-1、4-2，从以下两张图可以直观的看出大气污染情况仍然严峻，空气质量超标城市数远高于达标城市数，且空气质量的平均优良天数近三年没有明显的增长。

图 4-1 2015—2018 年全国 338 个地级及以上城市空气质量达标(超标)数

图 4-2 2016—2018 年全国 338 个地级及以上城市空气质量平均优良(超标)天数比例

---

① 本刊编辑部：《2015 中国环境状况公报发布》，《中国能源》，2016 年第 8 期；本刊编辑部：《2016 中国环境状况公报发布》，《中国能源》，2017 年第 8 期；本刊编辑部：《2017 中国环境状况公报发布》，《中国能源》，2018 年第 6 期；本刊编辑部：《2018 中国环境状况公报发布》，《中国能源》，2019 年第 6 期。

据《2019 中国生态环境状况公报》显示，全国 337 个地级及以上城市 PM2.5 浓度为 36 微克/立方米，同比持平；PM10 浓度为 63 微克/立方米，同比下降 1.6%；平均优良天数比例为 82.0%；环境空气质量达标的城市占全部城市数的 46.6%。据《2020 中国生态环境状况公报》显示，全国 337 个地级及以上城市平均优良天数比例为 87.0%，同比上升 5.0 个百分点。202 个城市环境空气质量达标，占全部地级及以上城市数的 59.9%，同比增加 45 个。PM2.5 年均浓度为 33 微克/立方米，同比下降 8.3%；PM10 年均浓度为 56 微克/立方米，同比下降 11.1%。据《2021 中国生态环境状况公报》显示，在大气环境方面，339 个地级及以上城市平均优良天数比例为 87.5%，同比上升 0.5%；细颗粒物浓度（PM2.5）为 30 微克/立方米，同比下降 9.1%；臭氧平均浓度为 137 微克/立方米，同比下降 0.7%。据《2022 中国生态环境状况公报》显示，2022 年全国环境空气质量稳中向好，339 个地级及以上城市细颗粒物浓度为 29 微克/立方米，比 2021 年下降 3.3%。据 2023 年度环保报告显示，从环境空气状况来看，重点区域空气质量有所改善，京津冀及周边地区、汾渭平原等大气污染防治重点区域 PM2.5 平均浓度同比分别下降 2.3%、6.5%。[①]

1. 京津冀区域大气污染

聚焦我国京津冀地区，近年来全国空气污染排行榜最严重的前十名城市中，该区域的北京、天津、石家庄、邯郸、廊坊等一度成为焦点。笔者整理了 2014 年至 2018 年各新闻媒体发布的有关京津冀地区雾霾的新闻标题，"中国环境监测总站解析：为何雾霾频频光顾京津冀？"[②]"北京市委书记因雾霾

---

① 周誉东：2023 年度环保报告显示：全国生态环境质量稳中改善，http://www.npc.gov.cn/c2/c30834/202404/t20240426_436807.htm。

② 杜希萌：《中国环境监测总站解析：为何雾霾频频光顾京津冀？》，央广网，http://china.cnr.cn/yaowen/201410/t20141026_516663116.shtml。

彻夜难眠 京津冀设 PM2.5 下降'硬指标'[1],"重雾霾致数千万包裹'迷路'京津冀包裹晚到两天"[2],"京津冀雾霾围城,三地委员共话治污——50 亿能否治出一片蓝天"[3],"解决京津冀雾霾须建立多层次联防联控机制"[4],"京津冀雾霾'袭人'百姓争相出城'避霾'"[5],"打好京津冀区域 治理雾霾攻坚战"[6]。从以上新闻标题就能看出,京津冀地区的雾霾严重影响了当地民众的生活和健康,而政府也在雾霾问题的治理上做出了努力。

京津冀区域大气污染问题的日益凸显,引起了社会各方面的广泛关注和探析。2013 年,北京市环境保护监测中心针对该年度冬季 PM_{25} 重污染进行了深入的分析,分析得出的结论为:此次重污染过程是在北京地区稳定的气象条件下导致污染物积累,叠加华北地区大范围区域性污染的影响共同造成的。[7]2015 年,河北省环境应急与重污染天气预警中心针对河北省当年的重污染天气也做了相关分析,结果表明:其一,河北省的排放总量偏高,这些排放的污染物是影响空气污染的主要来源;其二,特殊的地理区域环境致使局部地区污染物聚集,河北省省会石家庄市地处太行山东麓,地势西高东低,呈"避风港"式地形,受太行山屏障的影响,形成了年平均风速低、静风小等气候特点,此地理形态容易引发污染物的聚集,最终形成雾霾天气。[8]

---

① 李彪.:《北京市委书记因雾霾彻夜难眠 京津冀设 PM2.5 下降"硬指标"》,每日经济新闻网, http://www.nbd.com.cn/articles/2016-01-28/981651.html。

② 朱秀霞:《重雾霾致数千万包裹"迷路" 京津冀包裹晚到两天》,新华报业网,http://js.xhby. net/system/2016/12/20/030284554.shtml。

③ 潘跃.:《50 亿能否治出一片蓝天》,《人民日报》,2013 年 11 月 13 日。

④ 李佐军:《解决京津冀雾霾须建立多层次联防联控机制》,《经济参考报》,2014 年 12 月 8 日。

⑤ 陈莹莹:《京津冀雾霾"袭人"百姓争相出城"避霾"》,《中国证券报》,2015 年 12 月 26 日。

⑥ 薛惠娟.:《打好京津冀区域 治理雾霾攻坚战》,《河北日报》,2016 年 3 月 10 日。

⑦ 孙峰、张大伟:《程念亮.北京地区冬季典型 PM2.5 重污染案例分析》,《中国环境监测》,2014 年第 6 期。

⑧ 朱桂艳、张良等:《2015 年河北省重污染过程特征分析》,《煤炭与化工》,2017 年第 12 期。

据《2019 中国生态环境状况公报》显示,京津冀及周边地区"2+26"城市平均优良天数比例为 53.1%;PM2.5 浓度为 57 微克/立方米,同比下降 1.7%。北京优良天数比例为 65.8%;PM2.5 浓度为 42 微克/立方米,同比下降 12.5%。据《2020 中国生态环境状况公报》显示,京津冀及周边地区"2+26"城市平均优良天数比例为 63.5%,同比上升 10.4 个百分点;PM2.5 浓度为 51 微克/立方米,同比下降 10.5%。北京优良天数比例为 75.4%,同比上升 9.6 个百分点;PM2.5 浓度为 38 微克/立方米,同比下降 9.5%。

2. 粤港澳大湾区大气污染

粤港澳大湾区是我国开放程度最高和经济活力最强的区域之一,在国家发展大局中具有重要的战略地位。随着地区城市化的推进,城市人口和机动车数量不断增长,区域资源、能源消耗量大,多种大气污染物高强度集中排放,危险废物的不正确处置,一次污染与二次污染的相互交织,大气污染在不同城市间相互叠加与作用,使得大气污染在粤港澳地区呈现复合型、区域型的特点。

2005 年 11 月,"粤港珠江三角洲区域空气监控网络"全面启用,每日向公众发布珠三角区域空气质量指数监测结果,并从 2006 年开始,每年分别发表半年和全年空气质量监测结果报告各一次。2014 年 9 月,网络优化扩展并更名为"粤港澳珠江三角洲区域空气监测网络"。[①]表 4-1 为 2006—2018 年粤港澳大湾区空气监测网络监测的污染物浓度年均值的变化,可以看出 PM2.5 和 CO 自 2015 年也出现在粤港澳地区,污染物 SO_2、NO_2、CO、PM_{10} 的含量呈整体下降趋势,其中 SO_2 浓度的下降幅度最为明显。

---

① 魏满霞、黄绮琪:《粤港澳大湾区联动治霾现状、困境及对策》,《探求》,2019 年第 4 期。

表 4-1 粤港澳珠三角区域空气监测网络污染物浓度的年均值变化（2006—2018 年）

	二氧化硫 SO₂ (μg/m³)	二氧化氮 NO₂ (μg/m³)	臭氧 O₃ (μg/m³)	颗粒物 PM10 (μg/m³)	颗粒物 PM2.5 (μg/m³)	一氧化碳 CO (mg/m³)
2006	47	46	48	74	—	—
2007	48	45	51	79		
2008	39	45	51	70	—	—
2009	29	42	56	69		
2010	25	43	53	64		
2011	24	40	58	64		
2012	18	38	54	56	—	
2013	18	40	54	63		
2014	16	37	57	56		
2015	13	33	53	49	32	0.791
2016	12	35	50	46	29	0.786
2017	11	34	58	49	31	0.739
2018	9	33	58	47	28	0.691

3. 其他地区大气污染

除了京津冀地区爆发的严重雾霾，距京津冀 700 千米外的东北地区也出现过严重的大气污染问题。2016 年 11 月 7 日,华夏时报网记者马维辉在报道摘要中写道:"京津冀大气污染还没治理好,东北又告急了。"[1]2016 年 11 月 2 日至 6 日,东北地区发生大范围重污染过程,此次重污染过程从哈尔滨开始,沿哈大线一路向西南偏南方向传输,直至山东半岛、江苏和安徽北部,波及 6 个省 30 多个城市,跨越 1600 多千米。污染程度之重、影响范围之广为历年少有。环保部相关负责人表示:"这轮重污染主要源于当地冬季燃

---

[1] 马维辉:《东北雾霾波及 6 省 30 市 环保部建议跨区域大气污染要问责》,华夏时报网,http://www.chinatimes.net.cn/article/62163。

煤采暖和生物质燃烧排放，这是导致区域性大范围重污染的'元凶'，而外在诱因是不利的气象条件。"

大气污染已经成为我国生态环境保护的重大挑战，大气污染防治形势严峻，国家深入各个领域出台各项政策，不同的学者也有相关的深入研究。笔者在中国知网以"大气污染治理"为主题进行检索，共找到7771条结果（检索时间：2024年4月29日上午11:47）。值得关注的是，2010年至2011年，每年发布的文献不超过100篇。2012年为134篇，2013年410篇，2014年650天，2015年604篇，2016年602篇，2017年666篇，2018年669篇，2019年694篇，2020年为668篇，2021年674篇，2022年537篇，2023年542篇。这反映出2013年京津冀地区的大气污染在全国范围内产生了重大的影响，"大气污染治理"成为学界研究的热点问题。

（二）区域水体污染

1. 京津冀地区水体污染典型事件

2006年，素有"华北明珠"之称的白洋淀发生了严重水质污染事件，环保部门反映白洋淀水域水色发黑，有臭味，较浑浊，搅动水后即出现泡沫，有轻微刺激气味，水域里网箱中的养殖鱼类全部死亡，淀中还漂浮着大量死亡的野生鱼类，部分水草也已经发黑呈枯死状态。顺河道往上游走，污染情况更严重，到了保定安新境内水域，水质更黑，气味更臭。据环保部门调查，造成白洋淀水污染的原因是周边造纸厂发展失控导致污水直接排放至白洋淀，以及保定市每天的生活污水和工业污水未经处理直接排入白洋淀。[①]

2017 年，河北省石家庄市无极县郝庄乡滹沱河河道内发生一起非法倾倒工业废液污染环境的案件，造成 5 人死亡、2 人受伤，引起舆论高度关注。据记者调查，石家庄市无极县作为中国最大的皮革之乡，长期以来受到污染的影响。在大量皮革废水进入无极县东合流村沙坑前 15 年间，很多乡村陷入无水可用的绝望境地，很多村民家水井中的水都变成了乌黑色，长时间造成的环境污染问题，给当地村民带来了严重的困扰。为解决这一问题，2005 年无极县政府专门拨款为当地一受污染严重的村子打了一口 300 米深的井，定期开阀让村民取水。但两年后，这口深井打出来的水隔夜就会变成红色。2007 年，有关部门在井水中检测出 4 种有机污染物超标，2013 年初再次检测时，污染物已达 10 种。有关部门还对河里的污泥进行了检测，发现里面致癌的多环芳烃超标 700 多倍，重金属镉在河道中也被发现，而且沿岸泥土中均有镉分布，超过三类土壤标准的 30 多倍，属于严重污染。[②]

2017 年，天津市静海区翟庄镇佟家庄村有约 15 万平方米渗坑污染，污水渗坑均呈明显异色，污水为酸性，废水氢离子浓度指数（PH 值）为 1，污染物浓度均为多倍超标，引发了社会的广泛关注。随后天津市静海区人民政府官方微博发布消息，称由于历史原因，静海区的产业以黑色、有色金属加工为主，部分坑塘被污染，多为倾倒废酸或投排污水所致，而佟家庄村坑塘为其中一个。而后环保组织在华北地区开展工业污染调查期间，在河北、天津等地发现超大规模的工业污水渗坑，且这批渗坑面积大，存续时间长，或许

---

① 傅新春、冯毅:《白洋淀发生严重水质污染事件》,《中国绿色时报》,2006 年 3 月 27 日。

② 《河北无极污染严重 周边村庄多陷"无水可用"境地》,搜狐网,http://www.sohu.com/a/154986395_196889。

已经对当地的地下水安全造成了严重的威胁。[①]

2. 长三角地区水体污染典型事件

2013 年 1 月,上海市金山区朱泾镇发生了一起水污染事件,据调查,此次污染事件是由于上海某物流有限公司槽罐运输车向河中违法倾倒油性废弃物,最终影响了金山、松江 3 万居民 8 千户人家的用水需求,超市中的万瓶饮用水在 3 小时内一售而空。此外,这起在上海发生的水体污染事件在 6 个小时之内已扩散至浙江省嘉善县和平湖市两地,且沿着掘石港附近约 5 至 8 千米的水域都受到了污染。[②]

2013 年 3 月,上海市黄浦江松江段水域出现大量漂浮死猪的情况又一次引起了全国的关注。3 月 5 日,在黄浦江上游发现了大量的死猪,而上游段是上海市市民饮用水的取水源所在,因此该事件很快引起了民众对饮用水质的恐慌。随后上海市有关部门开始组织人员进行打捞工作,并加紧协调黄浦江上游周边地区调查死猪来源,以从源头上制止死猪不规范的处置行为。最终累计打捞死猪 10164 头,且确定死猪主要来自浙江嘉兴地区。[③]

二、环境治理中的区域协同立法

现阶段,我国正大力推进区域协同发展的合作机制,如京津冀协同发展、长江经济带发展、粤港澳大湾区建设、长江三角洲区域一体化发展。不同城市的区域协同发展是推动经济快速增长的引擎,在合作发展的过程中,产

---

① 《震惊!华北地区发现 17 万平方米超级工业污水渗坑》,腾讯网,https://new.qq.com/rain/a/20170419046502。

② 《上海金山水污染事件调查:槽罐车违法倾污》,搜狐网,http://health.sohu.com/20130111/n366563987.shtml。

③ 《黄浦江水域发现大量死猪》。新浪网,http://news.sina.com.cn/z/sizhu/。

业布局从过去的分散状态发展为以产业集聚为基础的城市群增长格局。而在产业经济高速发展的同时,城市群也面临着产业结构调整难、环境污染等问题,其中环境污染关乎民生大计,是国家和各区域在发展过程中不容忽视的问题。在区域协同发展的进程中,产业聚集促使特定区域内的企业的种类和数量不断增多,人口规模也随之扩大,由此企业和人口对当地水资源、土地资源、能源的需求也会骤增。因此在短时间内,企业和政府往往为追求利益最大化而忽视了环境保护,企业的环保意识淡薄,社会责任意识差,当地政府环境规制强度弱,日积月累,对环境的破坏之严重可想而知。区域协同立法,通过区域间的法律共治,是解决区域环境问题的基础。

(一)区域环境治理协同立法必要性

我国现有的几大经济发展区域都有着相似的特征：经济发达、人口密集、污染严重。据环保部门调查,地理位置的相邻性使得各地的大气污染问题和污染特征趋同,交叉污染和复合污染十分严重。严峻复杂的污染形势使得经济合作区域中的任何一个城市都无法独立解决这种区域性的环境问题,因此不同城市间的合作协同治理势在必行。

1. 生态环境与民生息息相关

生态环境保护是一项长远大计, 它与人民的生活密切相关。2019 年 3 月, 在第四届联合国环境大会上, 联合国环境规划署发布了《全球环境展望》,这份报告指出,当前地球环境已经遭到了严重的破坏,如果人类再不采取紧急行动,人类的健康将会受到严重的威胁。环境污染物对人类的危害,主要是通过食物链进入人体而导致的,这些污染物质进入人体之后,在人体内积累造成富集性的危害效应, 一旦超过了一定的量, 便会对人体造成伤害。因此保护生态环境需植根于广大人民群众的内心,建立更为广泛的环保统一战线,构筑生态环境共识的格局。而在生态环境保护的过程中,最关键的环节是法治,要实行最严格的生态环保制度,对破坏制度者要予以相应的惩罚。生态红线就是法律底线,要一体遵行,绝不逾越。

2. 环境污染的外溢性与复杂性

近年来,我国区域一体化发展深入推进,在区域经济高速发展的同时,爆发的数起环境污染事件都呈区域化特征,如"黄浦江漂浮死猪事件""京津冀雾霾污染""津冀水体污染"等。以京津冀雾霾污染来说,尽管各地政府环保部门实施的大气污染防治行动方案的确使污染状况得到了有效的改善,PM2.5、PM10 的浓度下降趋势明显,但仍处于超标水平,颗粒物污染仍比较严重。此外,不论是大气污染还是水体污染,这些污染的外溢性都很严重和明显,水体和气体的流动性,使得区域内的不同城市间很容易产生交叉污染。又由于各地政府基于自我保护主义,通常只对本地的环境进行相应的治理,还有些政府出于对治理成本和收益的考量,则完全寄希望于其他地方政府投资进行环境保护,即形成了因环境污染的外溢性而产生的放任自流、搭便车现象,久而久之就形成了政府没有足够的权威去进行环境污染的治理。①若是地方政府都保持这种心态,那环境治理将寸步难行,即使此地投入高成本治理环境,但还是会因为环境污染的外溢性导致治理毫无成效。所以为使区域环境治理达到应有的效果,各地政府应该联合起来共同治理。

3. 区域环境协同治理具有公共性

区域环境协同治理属于区域性的公共事务,加上当前的污染状况具有外溢性和复杂性,该治理范围已经超出任何一个地区、组织和政府层级的管辖权,所以区域内相邻任何一地政府所采取的政策和行为都会对其他地区

---

① 郭雪慧、李秋成:《京津冀环境协同治理的法治路径与对策》,《河北法学》,2019 年第 10 期。

产生一定的影响,由此这些结果必然由区域内的政府和民众共同承担。在这种情况下,区域内不同地区的相关部门就需要建立相应的协作机制,在相互之间深度沟通的基础上继续协作推进, 而区域协同立法能够确保这一系列的协同合作稳定运行且成果具备相应的效力。

4. 区域协同立法能整合区域资源

区域内跨行政区的公共事务一定是关乎区域整体利益的, 若某一行政区做出了有损整体利益的行为,那该项行为就没有存在和发展的空间。[1]公共事务关乎整体利益,离不开每个行政区的努力,而这些努力中包含着立法的合作以及其他综合性防治手段的推进,如科技手段、信息交流,这就要求区域内不同行政区资源信息和技术的共建共享。但有些地方政府出于经济发展、自我保护或者政绩比较不会共享技术信息,所以区域协同立法要在有效协调区域内不同行政区发展不平衡的基础之上,保障环境的协同治理。

(二)区域环境协同治理的立法现状

立法工作是规制公共事务的基石。区域协同立法能够有效地整合立法资源,实现立法成果共享,提高立法质量与效率,通过立法打破行政壁垒和地方保护主义,使区域各项法规所调整的社会关系、规范内容、法律责任协调统一,由此最大限度地发挥协同优势。[2]在区域环境协同治理中,立法会保障环境治理中的合作框架、程序、内容,以及区域协同发展时的制度变迁和创新。区域内不同行政区的经济发展水平不一,所产生的环境问题也就不一样, 如何协调它们之间的利益分配和自然差异以使环境协同治理的效果达

---

① 许丹:《雾霾污染跨域防治中府际协作的困境与突破》,《社会科学研究》,2018 年第 5 期。

② 周宵鹏:《京津冀人大协同立法进入具体实施阶段》, 人民网,http://legal.people.com.cn/n/2015/0715/c188502-27308611.html。

到最优化,只有先从立法层面去解决这些不协调的问题,才能为区域发展提供长远性和全局性的制度安排。

1. 环境立法成果丰富

(1)京津冀地区立法成果

2015 年,《关于加强京津冀人大协同立法的若干意见》出台。该意见明确三省市要加强立法沟通协商和信息共享,结合京津冀协同发展需要制定立法规划和年度计划,加强重大立法项目联合攻关,以及立法工作经验和立法成果的交流互鉴。在京津冀三地人大的通力协作下,除若干意见外,还出台了《京津冀人大立法项目协同办法》《京津冀人大法制工作机构联系办法》《京津冀人大立法项目协同实施细则》等。2020 年 1 月,北京、天津、河北分别在人民代表大会上表决通过了机动车和非道路移动机械排放污染防治条例。我国第一部对污染防治领域作出全面规定的区域性协同立法由此诞生。

京津冀协同立法,保护大运河生态环境。《关于京津冀协同推进大运河文化保护传承利用的决定》京津冀使用了同一文本(北京于 2022 年 11 月 25 日由北京市第十五届人民代表大会常务委员会第四十五次会议审议通过; 11 月 29 日河北省第十三届人民代表大会常务委员会第三十四次会议表决通过;天津在 12 月 1 日由天津市第十七届人民代表大会常务委员会第三十八次会议审议通过)。该《决定》对协同保护大运河生态环境作出相应规定,明确要统筹协调大运河河道水系治理管护,多措并举优化水资源配置,加强沿线地区水资源节约集约利用和地下水超采综合治理,改善水系资源条件,逐步恢复河道生态用水。明确要共同加强绿色生态廊道建设、生态空间管控和生态保护修复;推动按照统一标准加强水环境保护,开展沿线水环境监测预警与控制,推进水污染联防联治。

（2）珠三角地区立法成果

2009 年 5 月，《珠江三角洲大气污染防治办法》出台，明确了广东省主要负责建立区域大气污染联合防控制度，对特定大气污染物排放总量进行控制，广东省环保部门建立珠三角地区大气污染监控网络。2010 年 6 月，广东省人大常委会对《广东省机动车排气污染防治条例》进行修订，明确规定县级以上环保主管部门负责机动车的排气污染监督管理，同时对黄标车限行以及机动车尾气的排放和检测也有相关规定。2014 年 2 月，《广东省大气污染防治行动方案（2014—2017 年）》提出对行业污染综合治理、电厂污染物减排、挥发性有机物、扬尘等进行排放治理。

2. 不同区域立法模式不同

区域协同立法主要是具有立法权的地方人大及常委会进行环境治理立法时所做的横向立法协调，这种立法模式可能是区域内不同行政区所组成的一个专门的协同立法机构，也有可能是不同行政区在立法进程中建立的相互沟通与合作的机构，通过机构协商统一的立法原则、立法规划、立法精神、文本结构等，签订立法协议，再分别在各自的行政区内立法。从目前我国区域协同立法的实际情况来看，大多数区域还是选择了后者。

（1）京津冀立法模式

2014 年 3 月，京津冀三地人大常委会出台了《关于加强京津冀人大协同立法的若干意见》，建立了协同立法的基本框架，明确三地将加强立法沟通协商和信息共享，结合京津冀协同发展需要来制定立法规划和年度计划，在立法时要注意吸收彼此意见，加强重大立法项目联合攻关，使其既能满足本地立法实际需求，也能照顾其他省市的情况，最大限度地发挥京津冀在立法资源和制度规范方面的协同推进优势。2015 年 4 月 30 日，中共中央政治局会议审议通过《京津冀协同发展规划纲要》，明确了京津冀的功能定位、协同发展目标、空间布局、重点领域和重大措施,为推动京津冀协同发展提供了行动纲领和基本遵循。2017 年 2 月,京津冀协同立法工作会议召开,三地人大常委会就深入推进京津冀协同立法工作开展协商,原则上通过了《京津冀人大立法项目协同办法》,《办法》中规定立法项目协同起草可以采取三种方式:一方起草,其他两方密切配合;联合起草、协同修改;三方商定基本原则,分别起草。①由此,京津冀三地对需要三地共同立法的事项,由京津冀人大立法工作联席会议通过后,分别提交各自的人大常委会主任会议研究、批准后施行。比如,2015 年天津市人大常委会出台的《天津市大气污染防治条例》,设专章规定区域大气污染防治协作,这一部分是在征求河北省和北京市人大两方面的意见基础上修改完成的。同时,列入河北省人大常委会重点立法项目的《河北省大气污染防治条例》(修改草案)也已向北京、天津两地人大征求意见。

(2)长三角地区立法模式

2014 年 1 月,长三角三省一市和国家八部委共同构建了长三角区域大气污染防治协作机制,成立了长三角区域大气污染防治协作小组办公室,该小组第一次工作会议审议通过了《长三角区域大气污染防治协作小组工作章程》,研究讨论了《长三角区域落实了大气污染防治行为计划实施细则》等文件,将"协商统筹、责任共担、信息共享、联防联控"的协作原则确立为区域立法协作的总基调,这标志着长三角大气污染防治区域协作机制的框架已经初步形成,为开启长三角区域立法协作实践提供了重要基础。

2014 年 5 月,长三角三省一市大气污染防治区域协作立法论证会在上海召开。在论证会上,四地人大共同认为,根据大气污染防治的立法特点以

---

① 王玉明:《城市群环境治理中的区域协同立法》,《政法学刊》,2019 年第 3 期。

及当前区域立法协作的工作基础，应该采取协调互补的立法协作模式进行立法操作，即经过三省一市共同协商确定一个示范性的条款文本，在具体到本地立法时根据本地区差异，最终形成不同版本的立法文件，由各地人大常委会分别审议通过，在本行政区域内发生效力。①所以长三角地区在协同立法中采取分散性的立法模式，在达成共识的基础之上，各地分别立法。2014年，上海市十四届人大常委会十四次会议审议通过了《上海市大气污染防治条例》，率先设立专章规定"长三角区域大气污染防治协作"的内容。2015年至2016年，安徽省、江苏省以及浙江省也先后制定通过了各地的大气污染防治条例，且三地的地方性法规都分别就区域大气污染防治协作设置了专门章节。

3. 立法组织缺乏权威性

我国的立法工作运行一般是在纵向之间，同一个行政区展开，横向跨行政区的合作不多。但区域环境协同治理需要横向间跨行政区的合作，并形成紧密结合的立法组织。目前区域内不同行政区间对环境协同治理的组织依赖于比较松散的联席会议等非常规性会议，其权威性和约束性不足。

（1）京津冀地区

京津冀联席会议是三地商讨立法工作的一个重要机制，会议每年至少召开一次，采取三方轮流负责的方式，交流年度立法计划和三地重要法规的立法工作，讨论协同立法相关文件和相关问题。通过联席会议，京津冀协同发展广集良策，广聚共识，促进决策优化、推动决策实施。

（2）长三角地区

长三角地区包括上海市、江苏省、安徽省和浙江省三省一市，在协同发

---

① 易楠、李仕轩：《粤港澳大湾区立法协同研究》，《政法学刊》，2019年第5期。

展过程中,政府间的协调机制基本确立,四地政府积极建立联席会议制度,主要通过领导座谈会、市长峰会等会议制度去协同环境治理。2014 年起,长三角立法协作会议已经成为惯例,每年召开一次立法协作会议,由各地轮流承办。如 2015 的徐州会议开启了长三角区域水污染防治立法协作进程;2016 年合肥会议通过了立法建立完善区域污染会商机制,鼓励开展水污染防治科技交流与合作等议题;2017 年的杭州会议,就协调水环境保护规划、统一地方标准、建立跨界监测网络、共享重大水污染信息等方面强化立法协作,做了深入交流研讨。①

(3)粤港澳大湾区

粤港澳大湾区构建了以联席会议为核心的合作机制,联席会议和环境工作小组相结合是粤港澳大湾区环境合作的组织,通过这些会议和小组,达成协调合作关系,落实合作规划和协议,其中领导人联席会议是指导粤港澳环境合作的高层对话机制。

联席会议制度分为粤港和粤澳联席会议。粤港联席会议制度于 1998 年建立,该联席会议每年举行一次,轮流在广州和香港两地召开,到 2016 年,粤港合作联席会议共召开了 19 次会议。粤港联席会议为两地环境管理提供了交流的平台,并签订了多项环保协议和相关协议。粤澳联席会议于 2003 年正式确立。2008 年 7 月,在粤澳合作联席会议框架下成立珠澳合作专责小组,作为政府间直接沟通联系机制。2010 年 10 月,珠澳合作专责小组增设珠澳环保合作工作小组,该新设小组每年召开一次联席会议,建立环保专责和联络机制。②

粤港澳大湾区的环境合作小组也分为粤港持续发展与环保合作小组和

---

① 毛新民:《上海立法协同引领长三角一体化的实践与经验》,《地方立法研究》,2019 年第 2 期。

② 王玉明:《大珠三角城市群环境治理中的政府合作》,《南都学坛》,2018 年第 4 期。

粤澳环保合作专责小组。第一,粤港持续发展与环保合作小组由香港环境局局长和广东省环保厅厅长担任双方组长。该合作小组主要负责两地在环境合作领域的政策制定和管理;第二,2002 年 5 月建立粤澳环保合作专责小组,粤澳环境合作主要是在珠海和澳门两地开展工作。2006 年,粤澳成立空气质量合作专项小组,开展空气监测合作和项目研究,加强双方针对空气质量和管理等相关领域的交流, 为粤澳改善区域空气质量提供管理和决策支持。①2008 年,粤澳环保合作工作小组成立以来,建立了联络沟通机制,建立了粤澳环境合作的主要交流平台。

(三)区域环境协同治理的立法困境

地方立法在一定程度上能够反映当地的经济发展水平。立法的水平在很大程度上是受制于经济发展的, 因此地方立法差异取决于经济发展水平的差异。②由于区域内的不同城市间的经济发展水平不一,城市自我定位不同,所以导致区域协同立法也会受到一定的阻碍。

1. 环保理念意识不强

生态文明是人类文明发展的一个新阶段,是以人与自然、人与人、人与社会和谐共生,良性循环、全面发展、持续发展为基本宗旨的社会形态。生态文明的核心意味着,我们不能再以"人类"为中心,而是要树立生态保护的整体性思想。区域协同发展中一个非常关键的问题就在于没有树立起真正的深刻的环保意识,这种观念下的环境治理,最终,达不到预期的效果。只有人们转变一味追逐利益的理念,以生态文明为核心和理念进行环境立法,这样的法律才是符合当代环境保护价值理念的。

---

① 黄慧诚:《全方位构建粤澳合作新格局》,《南方日报》,2006 年 12 月 10 日。
② 孟庆瑜:《京津冀污染物排放区域协同政策法律问题研究》,《法学论坛》,2016 年第 4 期。

2. 协同立法的法律依据不足

区域发展是新中国成立以来行政区域经济发展的一种新尝试，除了要使市场要素在更大范围内获得更优化的配置外，区域发展中的某些问题也有望通过不同城市间的合作得到解决。在现有的区域环境治理进程中，区域协同立法是目前地方立法的新趋势。但在协同立法的过程中需要上位法的支持，目前来看，在《宪法》《立法法》中并没有明确规定。[①]尽管在《环境保护法》《大气污染防治法》和《水污染防治法》中有涉及区域环境合作治理，但不同地方立法机关如何协同开展立法工作找不到确切具体的规定，因此区域协同立法面临着合法性不足的情况。我国传统的地方立法工作只涉及到本区域的各方面事务，且只在本行政区域内发生效力，因此区域协同发展的立法成果如何产生效力也是一个不确定问题。以 2017 年京津冀三地人大分别通过的《京津冀人大立法项目协同办法》为例，尽管是经地方人大审议通过，但却是三地人大"分别通过"而非联合通过，其法律效力仅限于各地，联合的法律效力仍不明朗。

除此之外，区域协同立法的立法主体合法性也值得探讨。我国的立法体制可以概括为"一元两级多层次"。两级是指中央和地方行使立法权。区域协同立法的立法权是否具有合法性存疑。从目前的区域合作进程来看，我国多个区域为了跨域治理成立了专门的协调机构，但尚未有协调机构被明确赋予立法权限。

3. 协同立法的主体不明确

《立法法》在 2015 年作出修改后，赋予了所有设区的市地方立法权，但设区的市仅能围绕着城乡建设与管理、环境保护、历史文化保护等方面进行

---

① 陈光、张德华：《城市群发展中地方立法合作困境及改进》，《大连海事大学学报（社会科学版）》，2013 年第 5 期。

立法。以京津冀中的河北省为例，京津冀区域协同立法主要在省级层面开展，即北京市、天津市以及河北省三地人大及其常委会合作治理，而当下设区的市如保定市、张家口市也被赋予了立法权，那么不同区域间的省级人大和市级人大能否协同立法是不确定的，进而延伸出的立法成果的效力位阶也是不清晰的。

4. 协同立法的内容不统一

区域环境协同治理可以认为是区域环境政策一体化的过程，这个过程打破了传统行政区划的界限，为推进区域协同发展、解决区域性共同问题而设立统一的政策依据和执行标准。在京津冀区域，北京市的大气污染物排放标准高于国家标准，部分已达到国际标准，而天津市和河北省的大部分大气污染物排放标准略高于国家标准。[①]《天津市水污染防治条例》专章规定了"区域水污染防治协作"，北京市、河北省的水污染防治条例未见此规定。环境污染的外溢性使得单个行政区不能独善其身，设立低标准的地区还会对其他设立高标准的区域产生负面作用并影响其治理效果，在客观上不利于区域环境协同治理工作的进行，影响了区域协同统一治理体系的构建。除了大气排放标准不一致以外，在行政责任的设置上也不同。《河北省大气污染防治条例》第七十八条针对未依法取得排污许可证排放大气污染物等排污行为，由县级以上人民政府环境保护主管部门责令停止排污或者限制生产、停产整治，并处十万元以上三十万元以下罚款；情节较重的，并处三十万元以上一百万元以下罚款；情节严重的，报经有批准权的人民政府批准，责令停业、关闭。《天津市大气污染防治条例》规定，未依法取得排污许可证排放大气污染物的，由环境保护行政主管部门责令改正或者限制生产、停产整

---

① 朱京安、路遥:《京津冀区域一体化大气环境标准体系的法律完善》,《科学经济社会》,2016年第2期。

治,并处十万元以上一百万元以下罚款;情节严重的,报经有批准权的人民政府批准,责令停业、关闭。《北京市大气污染防治条例》第九十八条针对该情况,由环境保护行政主管部门责令停止排污,处十万元以上一百万元以下罚款。这种行政责任的不一样,导致有的重污染企业为了逃避高罚款而纷纷在河北省境内设立工厂,这样的情况只会给区域环境造成更大的破坏。

5. 协同立法的公平性缺失

区域协同治理的公平性缺失源于区域内不同行政区的行政级别和政策地位的差别。以京津冀区域为例,北京作为首都,集政治中心、经济中心、文化中心于一身,政治地位的核心性、行政职能的优越性决定了其在资源获取、政策制定等方面具有主导权。天津市作为我国直辖市之一,也是京津冀区域重要的出海口,北京市和天津市的经济地位都是河北省无法比拟的。在粤港澳大湾区,广州、深圳的经济贸易、科技、服务业较江门、肇庆等地有明显的优势,而香港、澳门特别行政区所享有的特殊政策又是其他普通城市所不具备的。这种不同地区在政治地位、经济发展水平、区位优势等方面存在的差异,可能会导致区域协同治理过程中话语权的差异。在立法过程中,应该充分考虑区域内不同地方间发展不平衡的现状,做到尽量公平协商,公平解决。

三、加强区域环境协同治理的法律保障
——以京津冀大气污染治理为例

京津冀区域地处环渤海地区的重要位置,包括北京市、天津市以及河北省的石家庄市、保定市等 11 个地级市。北京作为首都,集政治中心、经济中心、文化中心与一体,高新技术比较发达。天津是我国直辖市之一,也是北方重要的经济中心之一,作为港口城市,也是重要的国际航运和物流中心,且在制造业领域发展突出。河北省工业基础雄厚,以重工业为主,处于产业结构升级的转型期,但和北京市、天津市相比,第三产业的发展、公共服务的质量、经济发展水平还存在着较大的差距。京津冀协同发展就是为实现京津冀三地整体协同下的特色发展和功能互补。京津冀协同高速发展的进程中,经济水平的上升也意味着对资源的消耗和依赖的增多,由此产生的结果是区域在一定程度上忽视了区域生态环境的保护,对生态环境造成了极大的影响。京津冀地区爆发的严重雾霾事件就是例证。区域环境污染已经成为京津冀协同发展中面临的亟须解决的问题。

(一)京津冀区域环境协同治理的价值

1. 推进区域一体化发展

京津冀生态环境协同治理是将京津冀地区作为一个整体共同发展,在治理过程中打破固定的行政区划,并吸纳各地政府、企业、社会成员一同参与到环境的治理中来,加强不同行政区紧密的协作以共同面对区域内的环境问题。但环境治理并不单单是独立的一项行政管理事务,它牵涉到政治、经济、文化等领域,这些手段的综合运用和人力资源的汇聚使得区域环境治理会更有成效。在区域环境协同治理的过程中,区域内的政府部门、相关企业、各地民众,这些来自不同行政区的主体相互合作,促使大家形成命运共同体意识,彼此形成良好的合作机制,增加责任感和信任感,使得区域环境治理成效显著。而环境方面的共同协作也可以为区域其他领域的合作奠定基础,为区域的共同发展、国家新发展战略的实施提供更好的实例,使得区域一体化的发展框架得到完善。

2. 提升国家治理能力

2015年,京津冀区域一体化上升为国家战略层面,成为深化经济体制改

革事业的一个重要组成部分。在京津冀协同发展过程中,三地政府不能仅注重经济的发展,对生态环境的治理也要高度重视,京津冀生态环境协同治理就是区域发展的一部分。区域一体化发展不仅局限于原有政府内的工作合作,还集中了区域内很多不同的社会力量协同建设发展,打破了原有的地方保护主义,走出独立的行政区,形成完整的区域发展网络,促进一体化全面发展,这种协同驱动更加具有根本性的变革力量。京津冀环境协同治理适应了治理体系、治理能力现代化的条件,满足了当下中国快速发展的经济社会的需要。①

(二)京津冀协同治理的主要影响因素

1. 经济发展不平衡

经济发展水平的高低与环境优良具有相关性,较高的经济发展水平有利于区域环境的治理并为其提供坚实的经济基础。反之,低经济发展水平区域则面临着经济和环境的双重压力。在京津冀三地经济发展中,北京市作为首都,决定了其在经济发展、产业竞争等方面都优于天津市和河北省。天津市作为经济较发达的港口城市,经济地位也优于河北省。京津冀三地的经济发展很不平衡。其次,北京市作为首都、天津市作为直辖市,这两者的经济发

---

① 王慧、梅媛:《京津冀一体化背景下生态环境协同治理的问题及法制保障》,《产业与科技论坛》,2019 年第 7 期。

展、教育资源、公共基础设施建设、医疗水平等方面领先河北省,使得优秀的人力资源和社会资本向北京、天津汇集,导致河北省的发展远远不及京津两地。①在三地发展不均衡的局面下,各地对环境治理所投入的精力与成本也不一样。面对严重的大气污染问题,三地不可能在短时间内达成协同治理的共识,导致大气污染协同治理的效果不佳。

2. 合作主体地位不平等

京津冀区域和其他区域最大的不同在于,该区域包括首都北京,北京市集政治、经济、文化等多项职能于一身,政治地位的特殊性决定了其政策制定的主导权和获取相关资源的便捷。天津市和河北省在制定相关法律、法规、政策时都需要遵循上位法或中央的指示,使得两地在行政关系协调方面必须服从北京。在这样政治地位不平等的情况下,尽管北京市所做出的决策可能会对天津和河北的自身利益造成影响,但两地还是需为了保障首都的发展而牺牲本地利益。例如由于北京市特殊的政治地位,会因城市规划的调整以及一些重要活动的举办,将一些高污染、高耗能的产业向外转移,多数转移到河北省境内,这样的举措虽促进了河北省的经济发展,但加剧了河北省的环境污染。

2015 年,我国新修订的《立法法》中赋予了设区的市地方立法权,并明确了其立法权限,使得京津冀区域内享有立法权的主体大幅增多。北京市、天津市和河北省境内设区的市若协同环境治理,设区的市是否拥有协同治理的立法权限?政治地位的悬殊能否保证协同治理的平稳进行?行政区划、相关体制、立法权限等因素的制约,成为京津冀区域大气污染协同治理的较大阻碍。

---

① 王娟、何昱:《京津冀区域环境协同治理立法机制探析》,《河北法学》,2017 年第 7 期。

3. 协调机制不完善

面临严峻的大气污染问题，京津冀三地协同治理的方式主要是通过立法为环境治理设立底线。一方面，在这一过程中，京津冀区域缺乏统一的协同立法机构。从目前京津冀立法的合作形式来看，三地共同建立起联席会议，各立法机关通过该会议共同确立立法计划和立法项目，在三地协商统一通过相应的立法事宜后，各立法机关分别在各自地区指定法律，三地指定的法律属于同一级别，仅能在各自的行政区内发挥作用。尽管 2013 年京津冀区域成立了大气污染治理协作小组，但具体分工不明确，一般通过会议形式来制定具体行为计划，具有临时性，且小组的办公室设在北京市环保局，机构设置简单，缺乏制度保障，这就大大降低了该组织跨区域环境治理的权威性。[1]因此想要从根本上转变各自为政、固守本地利益的状态，因协同合作而建立的联席会议远远不够。另一方面，京津冀三地缺乏系统化的长效协同机制。京津冀区域当下在协同立法方面所做的工作具备良好的协同性，但立法完成后的确立阶段、保障阶段和完善协调阶段都没有稳定的协同机构的参与和保障。大气污染治理需要长久关注和长期跟进。鉴于大气的流动性，大气污染的区域性更需要以区域整体的角度来筹划。在长效治理期间，不仅需要区域政府部门的努力，民众也需要做出相应的行动，维护共同的环境。因此，从区域立法、区域执法、区域监督等方面形成一整套协调机制，推进区域环境治理法治化进程。

（三）京津冀环境协同治理的法律保障

2014 年，我国首次提出并确立京津冀协同发展为国家的一项重要发展

---

① 潘静、李献中：《京津冀环境的协同治理研究》，《河北法学》，2017 年第 7 期。

战略,京津冀三地的整体定位、利益格局都发生了很大变化。由于三地整体战略定位的改变是出于中央政府的命令，所以国家自上而下也需要创新组织安排方式、合作机制等,以便三地能够协同良好发展。习近平总书记明确指出："实现京津冀协同发展,是探索生态文明建设有效路径、促进人口经济资源环境相协调的需要,京津冀要着力扩大环境容量生态空间,加强生态环境保护合作。"[①]这一重要论述深刻指明了加强生态文明建设对京津冀协同发展具有基础性和决定性作用。

中央高度重视京津冀环境治理，三地积极进行环境保护立法。2010~2021 年,针对京津冀环境协同治理问题,中央共出台文件 8 项。北京市保护环境法律法规现行有效的共 135 件,天津市共 45 件,河北省共 151 件。[②]但囿于三地政治地位、经济体量不对等因素的影响,京津冀地区环境协同立法存在立法节奏不合理、立法内容不协调、协作机制不深入等问题。实践中,京津冀地区重点优先立法项目不一致,立法需求侧重点不同。天津市生态环境局、市市场监督管理委员会联合发布《加油站大气污染物排放标准》(DB12/1302-2024,以下简称《标准》),2024 年 7 月 1 日起正式实施。这是天津市在该领域发布的首个地方标准,旨在加快推动天津市挥发性有机物(VOCs)治理工作,进一步规范加油站行业大气污染物排放管理,完善重点行业排放标准,率先落实京津冀生态环境联建联防联治要求。相比国家标准,天津出台的《标准》进一步加严相关排放限值,明确了在线监测和油气处理装置的安装范围,细化监测和管理要求。三地的立法节奏步调不齐,处于"同一档期"的立法内容有限,立法集中度不高导致环境污染协同治理缺少"通气与协作"。

---

① 段威:《京津冀协同发展中环境治理问题探讨》,《天津日报》,2018 年 9 月 3 日。

② 赵云海、刘瑞:《京津冀地区环境协同立法的困境及路径选择》,《晋中学院学报》,2022 年第 6 期。

大气污染是三地之间最重要的协同立法项目，三地针对大气污染已经实现了协同立法,但仔细梳理三地的大气污染防治条例,我们发现其立法内容存在诸多不匹配、不协调之处,主要表现在以下两个方面:一方面,法律概念不统一、标准不一致。另一方面,责任承担差距大导致"同事不同罚"。京津冀地区环境协同立法内容不协调,不利于三地开展环境联合执法。执法时出现"同事不同罚"的现象,不利于环境治理一体化深入开展,趋利的本性也会使企业转移污染以规避更高的惩罚。鉴于此,建议从以下几个方面加强京津冀地区环境协同治理的法律保障:

1. 加强顶层设计

加强顶层设计是习近平总书记提出的推进京津冀协同发展要求的重要指示。在京津冀协同发展的过程中,加强顶层设计包括完善京津冀协同立法时依照遵循的上位法以及建立更高层级的协同立法机构,使得京津冀在协同立法的过程中做到有法可依,并保证协同立法的有效性、合法性和稳定性。

(1)完善协同立法遵循的上位法

区域环境的立法保障是协同治理的核心。通过立法可以确定地方间的治理合作关系,解决立法过程中一系列模糊不清的问题。依照目前我国的立法体制,地方立法主体之间协同制定某区域的地方性法规、地方政府规章在《宪法》《地方组织法》《立法法》中并没有明确规定。但面对复杂的大气污染问题,若京津冀三地分别设立相应的环境标准,势必会影响大气污染的治理效果,还会致使已经取得治理成效的地区受到其他地区的污染影响。京津冀区域环境协同立法要从国家层面出发,充分发挥中央或上级政府在区域协同治理中的作用,为京津冀大气污染协同立法提供顶层设计的法律保障。例如,对《立法法》等相关法律进行相应的完善,明确协同立法的主体资格、立法内容的权限、立法成果的效力等问题,对区域协同治理的行为予以约束,为推进区域协同治理提供法律保障。

(2)建立更高层级的协同立法机构

在对京津冀大气污染治理的过程中,由于法律中没有关于对污染治理的主体职责的明确规定,区域内部各行政主体如何分配责任也未有相应规定。在大气污染协同治理上,各行政区出于自身利益的考量,并不愿过多承担大气污染责任,这导致跨区域的大气污染越来越严重,治理效果不佳。当前,京津冀协同立法工作的开展主要是通过联席会议或者座谈会,但这种结构是松散型不稳定的,不利于立法工作的长久顺利开展,有必要建立一个更高层级的具有权威性的常设性协同立法机构。协同立法机构的职能不仅仅在于保证三地能够做到合法有效有序的立法,还要能够从大气污染的防控、均衡利益入手去协调三方,消除三方矛盾冲突,提升各地大气污染的积极性和主动性,保障协同治理的稳定运行。比如,可以建立共同的环保立法委员会,吸纳三地人大常委会法制工作委员会、政府法制办公室、生态环保部门的相关工作人员以及相关领域的专家和学者组成。

2. 健全区域环境协同治理的法律法规

健全区域环境协同治理的法律法规,不仅包括国家现已出台的法律,如《环境保护法》,还包括京津冀三地在环境协同治理中出台的法律。京津冀三地在环境标准体系建设基础、经济发展状况等方面均存在一定的差距,在以立法的方式治理大气污染时,要满足三地在利益上的共同需求,体现经济建设与环境保护协调的原则、谁污染谁负责的原则,齐心推进区域生态文明建设。值得注意的是,京津冀三地毗邻,交通来往便捷。由于三地针对某些环境污染的惩罚不同,有重有轻,例如在天津的企业为了避免承担天津市规定的法律责任,故意将工业垃圾运输至河北境内倾倒,目的是规避高惩罚的风险。因此,在制定对环境污染行为的法律处罚措施时,京津冀三地要尽量制定统一的法律责任,但也允许根据地区实际情况进行相应的调整,但原则上不宜有较大的差距。

此外,公民作为区域环境治理的重要参与主体,能够及时将环境污染问题反馈给法院,所以必须要考虑环境公益诉讼中公众的参与形式和程序,保障公众参与污染治理的合法权益。由此,协同立法机构不能一味将目光专注于实体法的完善,还应该继续跟进区域间环境治理的程序法制定,使得区域环境协同治理有一套良好的保障体系。

3. 构建生态补偿机制

区域内部的协调有时很难达成一致,原因是利益协调没有达成共识。生态补偿机制是指,在环境治理中利用经济或者技术去协调不同地区的环境保护主体。通常情况下,补偿者为区域内经济发达、技术高端的地区,在区域环境协同治理中承担着更多的责任;接受补偿者为经济发展缓慢、污染严重、技术稍落后、承担更多环境治理责任的地区。①以京津冀区域为例,北京作为首都,承担着各种行政职能,较早进行了产业结构的转型,将很多污染企业迁移到了河北省和天津市。而河北省是京津冀三地污染最严重的地区,承担着大气污染治理的重任,原本河北的重工业企业较北京和天津多,也主要依靠重工业来提高省内产值,但北京工业转移这一举措更加重了河北的治污成本。在京津冀三地如此不平衡的发展背景下,应以产业结构优化升级为整个区域的目标。北京市作为经济发达的城市,第三产业发达。天津市正在向第三产业过度,两者就需要承担起生态补偿者的角色。河北省作为接受补偿者,接受经济和技术的支持。京津两地在为河北提供生态环境建设的资

---

① 张亚军:《京津冀大气污染联防联控的法律问题及对策》,《河北法学》,2017年第7期。

金、技术支持时,还要考虑河北省产业的升级。治理大气污染与每一个地区都有关,当该生态补偿机制建立起并发挥其作用时,京津冀区域协同立法治理环境才能更高效率的进行,使得京津冀区域在治污工作上能够统筹进行,达到治理目标。当然,河北省作为接受补偿者,不能一味依靠外来的帮助,还要考虑自身的产业结构升级转型。这个过程需要创新的技术手段予以支撑,所以河北省要重视科技人才的培养与引进。

4. 完善区域大气污染联防联控机制

鉴于大气污染的外溢性和复杂性,区域内的任何地区都不能免受污染影响。对此,在新《环境保护法》中新增了区域大气污染联防联控机制,"重点区域内省、自治区、直辖市人民政府,按照统一规划、统一标准、统一监测、统一的防治措施开展大气污染联合防治"。但这则法条只为区域大气污染联防联控指明了大方向,并没有详细的规定。联防联控机制是一项综合性的工程。联防联控的机构、牵头主体、工作权限范围、工作程序等一系列的管理机制都需要系统规定。因此,对区域大气污染联防联控机制,需要以立法的形式完善。

(1)完善区域大气污染联防联控的主体

联防联控的主体和上文的协同立法主体不同。联防联控的主体主要是负责执行已出台的法律,指导与协调区域内部不同地区的大气联防联控工作,考核各地大气排放情况,协调在大气污染治理过程中产生的利益矛盾冲突等问题。该主体需要每个地区的环保局、公安局、财政局、税务局等机关,环保科研机构的人员,以及有代表性的公众或团体组成一个稳定的联防联控机构。机构内部应该有相应的工作分工,比如分成决策机构和执行机构。决策机构根据来自不同地区的机关成员的意见和环保科研机构的研究调查,在综合考虑多重因素之后做出相应的决定。执行机构对决策机构负责,落实决策的内容,共同完成防治大气污染的目标。

（2）以立法形式确定责任的分配

联防联控主体需要按照法律的规定完成工作,承担相应的义务和责任,充分利用法律,在责任分配上要做到明确合理,不能出现发生了污染问题,而相关主体互相推诿逃避责任的情况。从京津冀三地的情况来看,责任分配要根据三地实际情况来制定。北京的人力资源丰富、科学技术成熟、资金实力雄厚,在环境保护方面要承担更多的责任,及时将治理经验传授给天津市和河北省两地,并适当给予补偿。河北省在相对落后的情况下,也要承担起自己应尽义务和责任。

（3）完善环境标准和技术规范体系

依据国务院印发的《空气质量持续改善行动计划》（国发〔2023〕24号），亟需完善环境标准和技术规范体系。启动环境空气质量标准及相关技术规范修订研究工作。研究制定涂层剂、聚氨酯树脂、家用洗涤剂、杀虫气雾剂等VOCs含量限值强制性国家标准,建立低（无）VOCs含量产品标识制度;制定有机废气治理用活性炭技术要求;加快完善重点行业和领域大气污染物排放标准、能耗标准。研究制定下一阶段机动车排放标准,开展新阶段油品质量标准研究。研究制定生物质成型燃料产品质量、铁路内燃机车污染物排放等强制性国家标准。鼓励各地制定更加严格的环境标准。

第五章
环境污染犯罪及其防控

生态文明建设需要各方的共同努力,生态环境保护需要综合运用行政、司法等各种手段。环境污染犯罪是最严重的环境破坏方式,对我国生态环境造成了巨大破坏。近年来,环境资源领域违法犯罪案件数量持续在高位运行。以 2019 年至 2023 年这五年为例,人民法院共收案近 14 万件,比前五年上升了约 33%。其中数量排前五的犯罪为滥伐林木罪(约 2.7 万件)、非法捕捞水产品罪(约 2.4 万件)、非法占用农用地罪(约 1.7 万件)、非法采矿罪(约 1.67 万件)、非法狩猎罪(约 1.5 万件)。目前,我国环境污染犯罪问题依然严峻,环境污染犯罪成了生态文明建设的最大阻碍,需要进一步发挥刑法在生态环境保护领域的规制和保护作用。

一、环境污染犯罪状况分析

2011 年 5 月 1 日施行的《中华人民共和国刑法修正案(八)》将刑法第三百三十八条修改为:"违反国家规定,排放、倾倒或者处置有放射性的废物、含传染病病原体的废物、有毒物质或者其他有害物质,严重污染环境的,处三年以下有期徒刑或者拘役,并处或者单处罚金;后果特别严重的,处三年以上七年以下有期徒刑,并处罚金。"这次修改标志着国家降低了环境污染犯罪的入刑标准,体现出对生态环境问题的重视。本次修改将重大环境污染事故罪的罪名更改为污染环境罪,对违法行为、危害行为、危害结果进行了评价分析,说明我国加大了对环境污染犯罪的防控力度。

刑法修正案(十一)第四十条对污染环境罪再次作出修改,重点修订包括以下几方面内容:第一,将污染环境罪第二个罪刑单元中的"后果特别严重的,处三年以上七年以下有期徒刑,并处罚金"修改为"情节严重的,处三年以上七年以下有期徒刑,并处罚金"。第二,在原来第二档法定刑后新增一档法定刑,即规定存在以下情形之一的,处七年以上有期徒刑,并处罚金:(1)在饮用水水源保护区、自然保护地核心保护区等依法确定的重点保护区域排放、倾倒、处置有放射性的废物、含传染病病原体的废物、有毒物质,情节特别严重的;(2)向国家确定的重要江河、湖泊水域排放、倾倒、处置有放射性的废物、含传染病病原体的废物、有毒物质,情节特别严重的;(3)致使大量永久基本农田基本功能丧失或者遭受永久性破坏的;(4)致使多人重伤、严重疾病,或者致人严重残疾、死亡的。第三,规定了竞合犯的处理原则,即规定"有前款行为,同时构成其他犯罪的,依照处罚较重的规定定罪处罚"。

自2013年《关于办理环境污染刑事案件适用法律若干问题的解释》(以下称《2013解释》)实施以来,各司法机关以及环保部门都开始加大对环境污染犯罪的打击力度,但由于环境污染刑事案件基数庞大,犯罪行为造成的巨大生态破坏仍旧影响着社会和公民的公共福利和安全福祉。笔者以刑事案件、污染环境罪、判决书、一审为关键词,在裁判文书网收集了4834件环境污染犯罪作为样本,分析我国环境污染犯罪的状况。

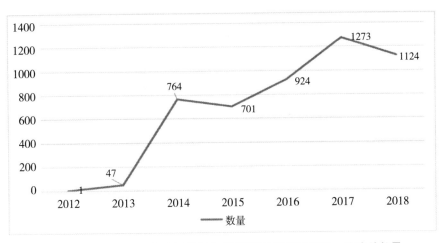

图 5-1　2012—2018 年中国裁判文书网环境污染刑事案件一审案件数量

从图 5-1 中可以看出，自《2013 解释》实施以来，我国的环境污染刑事案件数量飞速增长，由 2013 年的 47 件增长到 2014 年的 764 件，案件数量猛增，2013 年之前的环境污染犯罪刑事案件数量基本都在个位数或者十位数之间游走，而 2014—2016 年相关案件数量维持在 700—900 件之间。自 2016 年《关于办理环境污染刑事案件适用法律若干问题的解释》（以下称《2016 解释》）实施以来，环境污染犯罪数量更是加速增长，2017 年以后相关案件数量就增长到了四位数。由于笔者在统计相关案件时，2018 年某些裁判文书还未上传，导致 2018 年统计数据不完整，但根据整理结果得出的分析，依然可以说明自 2013 年以来司法部门对环境污染犯罪行为打击力度的加大，环保部门对相关违法行为监管措施的加强，以及环境污染刑事案件数量的激增。

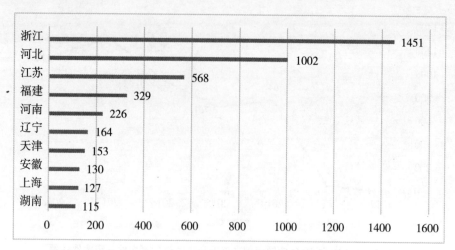

图5-2 2012—2018年各省环境污染刑事案件数量统计

笔者根据对2012—2018年一审环境污染犯罪案件的统计情况发现,该类案件犯罪地域集中,其中浙江省环境污染犯罪问题最为严重。

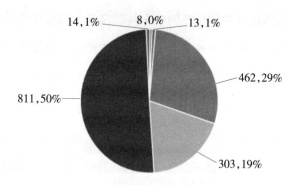

■免于罚金 ■单处罚金 ■缓刑 ■拘役 ■3年以下 ■3年至7年

图5-3 浙江省环境污染犯罪人被判处主刑罚统计图

由图5-3可以看出,大部分犯罪人的刑罚集中在缓刑、拘役和3年以下有期徒刑,人数为1576人,占总数的98%。相较而言,对于免于刑罚、单处罚金和3年以上7年以下有期徒刑人数较少,其中3年以上7年以下有期徒刑的人数为14人,占总数1%。在绝大多数的环境污染犯罪中,被告人的量刑畸轻,极易造成量刑和危害无法匹配的窘境,与我国刑法罪刑相适应的原则相悖。

对污染环境罪行为类型进行统计,发现以下问题:一是污染环境罪在实践中较为常见的行为类型是非法排放、倾倒生产废水(含私设暗管、利用渗坑排放废水,直接外排未经处理的废水,疏于管理致使废水泄露外排等形式),这表明水污染的预防和惩治是当前环保工作的重要内容;二是直接外排未经处理的废水是非法排污的常态,这种行为主要由非法经营加工制造小作坊的自然人个体实施,这些小作坊一般未经工商登记和没有环保审批手续,且经营者环保意识淡薄,在生产过程中将产生的废水直接排出,虽无明显的主观恶意,但其持续性的排污行为已经造成环境的严重污染;三是私设暗管,利用渗坑、渗井的排污形式,这种偷排行为较为隐蔽,且明显具有逃避处罚的主观恶意,应当成为环保部门的重点查处对象。[①]在案件涉及非法生产经营的情况中,有的生产加工作坊并未进行工商登记,没有取得营业执照,工商部门对其也未进行事后的查处;有的个体工商户或个人合伙经营活动并未取得环保部门的相关审批文件,环保设施、设备并不健全,这就致使行为人在生产经营过程中无视环保要求,进行非法排污行为,从而构成了污染环境犯罪。这表明实践中大量污染环境犯罪活动缺乏工商、环保等部门的有效监管,在保护环境、预防犯罪的过程中不能忽视行政部门的作用。

2015 至 2018 年我国污染环境犯罪的判决数量整体呈上升趋势。2019 年,全国公安机关集中打击食药环犯罪"昆仑"行动部署会在京召开,污染环境犯罪案件判决数量在 2019 年达到历史顶峰。2020 至 2021 年,集中打击行动取得初步成效,同时受新冠肺炎疫情影响,各类企业工厂纷纷停工,此外部分案件公安机关已经立案侦查但并未审结,由此导致污染环境犯罪案件

---

① 晋海:《污染环境罪实证研究——以中国裁判文书网 198 份污染环境罪裁判文书为样本》,《吉首大学学报(社会科学版)》,2015 年第 4 期。

判决数量大幅下降。[①]有学者指出,污染环境犯罪黑数具有客观存在性。为有效遏制和降低污染环境犯罪黑数,应当鼓励社会力量参与,健全行刑衔接机制,设立特别侦查程序,完善刑事立法建构,秉持刑罚控制模式,从严治理污染环境犯罪活动。[②]

二、环境污染犯罪的法益保护

(一)法益的概念与特征

刑法的本质在于保护社会利益,犯罪具有的社会危害性的本质,根源于对社会制度和社会秩序保护的社会利益的侵害,根源于对基于社会成员即社会主人意志决定的价值选择所形成的刑法规定内容和规定形式的违反。[③]林山田在其《刑法特论》一书中,对"法益"一词进行了专门研究,书中解释"刑法最重要的任务,乃在于保护法益不被非法之破坏。刑法分则所定之各种构成要件,即是为达此等'法益保护'目的之必要手段。……法益乃为法律所保护之利益"[④]。

法益具有如下两个特征:一是合法性。立法者制定法律是为了将立法构想法定化、具体化,具体实践于社会并符合国家相关政策要求及相关上位法之规定。法律意义上的利益在经过立法者价值判断与实践检验之后,才会在法律上予以保护。在如今的法治社会,法律概念必须经过明确规定才有法律

---

① 张鹏宇、赵民:《污染环境犯罪特点及宏观侦查对策研究》,《江苏警官学院学报》,2022 年第 5 期。

② 安汇玉、汪明亮:《论污染环境犯罪黑数》,《刑法论丛》,2021 年第 3 期。

③ 杨兴培:《中国刑法领域"法益理论"的深度思考及商榷》,《争鸣法学》,2015 年第 9 期。

④ 林山田:《刑法特论》,台湾三民书局,1978 年,第 2 页。

意义,相对人利益才能得到法律保护。罪刑法定等刑法原则深入人心。"罪"囊括的需要"保护"的利益被法定化,以得到法律救济。二是合理性。合理即是符合社会发展的理性需求。法益的理性既包括现实利益,也包括未实现利益,而未实现利益需要国家法律规定予以确认,现实利益需要符合当前社会的发展需要。人之理性,社会发展之理性需要以保护社会及人的法益作为基础前提。当法益获得了足够多的保护,那么其合理性将与社会的发展呈正相关。因此,法益的合理性与其合法性一致,如同车之两轮,鸟之双翼,相辅相成,相互促进。刑法中的法益相较于其他上位概念所指向的范围更加宽广,在实体上不仅包含了国家法益、社会法益、个人法益,还囊括了个人与社会所需要的具体利益与权利。法益将个人与社会的"利益"上升为法律所保护的对象,而其中的合法性与合理性可得到具体体现。

(二)环境犯罪的法益保护相关理论

在环境刑法领域中,对于环境犯罪法益保护的研究观点主要有三种:人类中心法益观、生态学法益观以及生态学的人类中心法益观(折中说)。

1.人类中心法益观

在《刑法修正案(八)》颁布之前的《中华人民共和国刑法》第三百三十八条规定:"造成重大环境污染事故,致使公私财产遭受重大损失或者人身伤亡的严重后果的"的行为,构成重大环境污染事故罪。修改之前的法律不注重对环境本身造成污染破坏,只看重造成财产损失或者人员伤亡的后果。由此可见,旧刑法三百三十八条对于环境犯罪的相关界定采取的是人类中心法益观。这种观点要求行为造成了严重后果,且行为与结果之间存在直接的因果关系,属于结果犯的范畴;其亦要求造成现实的危害后果,因而属于实害犯。支持人类中心法益论立场的学者认为,环境犯罪所保护的法益是和人们息息相关的生命健康权、财产权等相对具体的权益。

从宏观上来看,人类中心法益观和古典刑法的观念不谋而合。若仅仅以传统自由主义思想来看,这个观念基本可以被大众所认可并接受。[1]但是若结合当今的环境犯罪治理现状来看,单纯机械地使用传统自由主义思想,对于环境犯罪问题的解决有弊无利。在当代社会,对于个人本位过于突出的人类中心法益观根本无法适应我国环境风险治理的现实需求。

从我国现行刑法第三百四十条到三百四十六条所规定的破坏型环境犯罪的具体规定入手,我国环境犯罪所保护的法益和人类的生命健康权、财产权等没有直接关系,其主要涉及的是与水、土、林木、珍贵动植物等和生态维稳有关的内容。人类中心法益观无法解释破坏型环境犯罪所保护的法益具体内容。我国环境犯罪的条款被置于"妨害社会管理秩序罪"中,刑法中关于环境的犯罪条款具有很强的行政从属性,因此该法益观也不能满足社会管理的现实需求。[2]

在该观点下,只重人不重环境,可能直接导致人类对生态环境破坏的程度不断加深,无法实现人与自然的和谐共处。犯罪成本不断降低,社会以及个人对当下绿色发展理念也将失去应有的响应,最后结果即是自然环境的不断恶化直至毁灭。人类中心法益观极易造成人类的短视效果,以及对人与自然环境关系的错误认识,[3]不利于人类的发展以及社会的稳定。

环境问题日益恶化的现状是由经年累月的破坏而形成的,该状况的出现具有长期性和持久性。污染行为对环境产生危害结果是一个不断累积的过程,随着时间的累积,对人类产生的后续影响并不能以人类中心法益观的

---

① 齐文远:《对环境刑法的象征性标签的质疑——与刘艳红教授等商榷》,《安徽大学学报(哲学社会科学版)》,2019 年第 3 期。

② 张明楷:《环境污染犯罪的争议问题》,《法学评论》,2018 年第 2 期。

③ 赵星:《论环境刑法的环境观》,《法学论坛》,2011 年第 5 期。

立场进行治理。因为污染行为及其产生的危害结果并没有对人类具体的现实利益造成侵害,甚至没有造成危害环境的直接后果。若以人类中心法益观为依据,环境法益则根本不可能得到刑法的保护。有些犯罪行为可能会导致危害结果在短时间内立即发生,刑法则可以对犯罪行为与犯罪人加以制裁。在环境犯罪中, 实际情况是大部分环境破坏行为并不会导致人类生命健康权遭受侵害、财产遭受损失,但其危害造成的严重后果真正出现的时间则会滞后若干年。环境污染行为一旦发生,即证明危害后果的持续性已经开始形成。例如,酸雨、温室效应、土地盐碱化等环境危害后果,而这些后果通常具有严重的滞后性。滞后性带来的严重后果也将使人类法益受到的实际侵害具有相同的滞后程度。

同时,刑法惩罚机制的滞后性与不及时性也将凸显,而这些问题是我们当下在环境治理过程中不可回避的问题。随着科技不断进步以及经济高速发展,在当前社会,环境犯罪的治理问题已经不能按照现行刑法所规定的只以侵犯人类利益为标准定罪量刑。过于坚持个人本位的人类中心法益观已经无法适应现代社会发展的速度,影响环境犯罪的治理效果。环境犯罪所保护的法益只有扩大其内在范围,才能适应当下社会发展的整体趋势。

《刑法修正案(八)》将刑法第三百三十八条修改为:"违反国家规定,排放、倾倒或者处置有放射性的废物、含传染病病原体的废物、有毒物质或者其他有害物质,严重污染环境的,处三年以下有期徒刑或者拘役,并处或者单处罚金;后果特别严重的,处三年以上七年以下有期徒刑,并处罚金。"其中,关于严重污染环境的理解与认定是至关重要的,关乎在未来的刑法学界以及实务领域是采取人类中心法益论还是生态学法益论。关于环境法益刑事保护提前化的法益中心主义之争,重点在于要以贴近现实、保护法益为重点,不能脱离现实、消解法益。

《刑法修正案（八）》将重大环境污染事故罪修改为污染环境罪。重大环境污染事故罪以"造成重大环境污染事故,致使公私财产遭受重大损失或者人身伤亡的严重后果"为成立要件,污染环境罪则以"严重污染环境"为成立要件。刑事立法与司法解释将保护的法益由体现为"公私财产遭受重大损失或者人身伤亡的"人类法益扩大到体现为"严重污染环境"的环境法益。任何社会时期的生产水平或者生产关系都应与生产力保持匹配,落后或者超前的生产关系最终都会被社会扬弃,所以该法益观念在当前社会的意义有待商榷。

2.生态学法益观

纯粹生态学的法益论认为,环境犯罪的保护法益就是生态学定义的环境本身。包括水、空气、土壤、林木以及与生态平衡维稳有关的动物、植物等要素。惩罚环境犯罪的意义在于,不仅对被告人做出的违法犯罪行为予以教育和惩戒,而且要恢复被破坏的生态环境,从而使全社会形成爱护环境的良好生态观,具有对生态法益予以保护的意识。环境刑法保护的法益是环境本身,生态学的法益论主张,环境犯罪是一种危险犯,是侵犯环境法益的危险犯。我国持纯粹生态学的法益论的学者指出:"在《刑法修正案（八）》出台之前,刑法条文是在古典自由主义思想的角度下,基于人类中心法益观论来规定环境犯罪。通过本次修订,实际表明立法者关于环境犯罪的立法理念已经从过去的人类中心主义价值观,转变为环境本位的价值观。在环境本位的立法理念之下,立法者不再把人作为万物的主宰——'人是万物的尺度','万物服从于人的需要',因此在制定法律的时候,抛弃了过去狭隘的人类中心主义的思维模式,把人视为环境的一个组成部分,而不仅仅是环境的使用者⋯⋯也就是说,环境资源本身成了刑法所要保护的对象,具有刑法上的独立意义与价值,之所以设立环境犯罪,在于保护环境本身,而不在于惩罚通过环境对于人的生命、健康和财产的侵害。"①基于刑法的独立性,对破坏者或者犯罪人进行惩罚。生态环境是环境犯罪中刑法所要保护的内容。生态学法益论改变了人类中心法益论根深蒂固的影响,意义重大,但是这种理论观念依然存在很大的问题。

众所周知,对于人类灭杀某些生物的行为,刑法并未对其进行否定评价,因为这些生物、物种非但没有给人类带来利益,反而危害人类的日常生活与正常经济需求,所以法律没有禁止。我国将非法捕杀某些珍贵动物的行为规定为犯罪,并不是囊括了所有狩猎行为,甚至有专门地方性法规对狩猎行为作出了规范。由此可见,我国并未采取纯粹的生态学法益论。在一些经济发展缓慢,生活条件相对较为落后的地区,居民通过开发土地与生态资源来维持基本生存,以确保粮食产量,却并未得到法律的禁止与规制。基于生态学法益论观念,如变更所在地的动植物的生存环境,应构成污染环境罪。从极端角度出发,生态学法益甚至与人类的基本生存发展具有不可调和的矛盾,不能以牺牲生态为代价发展人类本身。我国《刑法》第三百三十八条规定,污染环境罪的成立以"违反国家规定"为前提,这实际上是指违反国家关于保护环境的行政法律、法规。换言之,我国的污染环境罪对环境行政法具有从属性。从实质上说,环境犯罪对环境行政法的从属性,意味着对人的生命、身体、健康的从属性。因为如后所述,环境行政法的目的都是为了维护人的生命、身体、健康等法益。②生态学法益观主张环境法益的绝对独立性。环境与人类的生存发展有着密切关系,对人类的生产生活意义重大。鉴于该观点忽略了作为社会主体的人类的意义,生态学法益观存疑。

---

① 王勇:《环境犯罪立法:理念转换与趋势前瞻》,《当代法学》,2014 年第 3 期。
② 张明楷:《污染环境罪的争议问题》,《法学评论》,2018 年第 2 期。

3.生态学的人类中心法益观

正是由于纯粹人类中心的法益观与纯粹生态学的法益观均有不切合现实的结合点,不能符合现代社会发展的需求,才产生了将二者结合起来的生态学的人类中心法益观。生态学的人类中心法益观认为,以环境本位为基础,生态学法益观所主张的法益保护内容——水、空气、土壤、植物、动物作为独立的生态学的法益,只有当环境作为人的基本的生活基础而发挥机能时,才值得刑法保护。换言之,只有当环境本身与人类的生存利益相关时,生态环境作为环境犯罪保护的法益才具有独立性。

随着环保理念的进步,环境犯罪刑法保护法益也随之调整。我国环境犯罪刑法保护法益也从人类本位理念向环境本位理念延伸。当前,很多损害结果是通过生态环境作用到人类本身,即使破坏环境行为没有直接作用到人类本身,但是可以间接损害人类权益,进而对人类的生命健康权以及财产权造成侵害。当环境自身受到侵害但尚无证据证明人类法益受到侵害时,或者人类法益根本没有受到侵害时,刑法依然可将其侵害行为认定为犯罪。

生态学的人类中心法益观主张,环境本身可以作为被保护法益。比如,对造成生态环境严重污染的,即可构成污染环境罪,《刑法修正案(八)》的修订,将定罪标准"公私财产遭受重大损失或者人身伤亡"转变为"严重污染环境"。其中"严重污染环境"的实际内涵并不是要求犯罪行为只侵害环境法益,而是在侵害生态环境的同时,对人类法益造成直接或者间接侵害,甚至是威胁到人类的生命健康以及私人财产。

我国对环境法益刑事保护从先前的惩罚产生实害结果的环境犯罪行为,转变为如今惩罚对人类法益产生危险的侵害行为,体现了我国环境犯罪保护法益的提前化。环境法益刑事保护方面的提前化,具体表现在从人类法益到环境法益的进阶,再由环境法益向集合法益的进阶。集合法益是指对以环境法益为基础的人类法益的保护，环境法益受侵害是该立场下犯罪成立的必要条件，在上述观点中，构建环境法益保护的二元防范体系，要根据环境法益的集合法益特征，对人类法益与自然法益进行一体化保护。[①]而传统意义上的刑法观念认为，人类法益受侵害才是环境犯罪成立的前提条件。基于生态学的人类中心法益观理念，该犯罪类型下的环境法益保护具有相对独立性。我国立法不认定对人类法益产生侵害即可构成环境犯罪。通过打破人类固有思维的局限性，改变环境犯罪刑法保护法益的着力点，将环境法益的独立性予以相对化，两者相互吸收并融合，在先前基础上，形成能够适应社会发展需求的整体性的环境犯罪保护法益。刑事立法的不断完善，不仅对犯罪惩罚机制的推进具有积极作用，对响应人与自然和谐共处的整体理念也具有重大意义。

实际上，上述观点是法益保护的提前化，即将保护法益向前推动，其内涵是提前避免有可能发生的危害结果，将危险回避。实际意义上的环境刑法的保护法益是指对作为人类生存发展基础的环境保护，这是德国刑法理论的通说。日本的不少学者认为生态环境的破坏会直接或者间接地引起侵害人类权益的后果，所以立法者们通过对环境刑法的修订，来防止人类因为各种行为而对生态环境造成不必要的侵害。环境刑法的保护法益涵括了两点，结合人类中心法益观和生态学法益观，这两种观念有利于社会发展进步以及保护环境，适应当前生产力水平，形成了整体性与包容性共存的生态学的人类中心法益观。总的来说，环境刑法的主要宗旨是，在保障人类重要利益的基础上，通过刑法上的手段来保护生态环境本身的利益。

我国赞成生态学的人类中心法益观的专家及学者认为：环境犯罪的保

---

① 侯艳芳：《环境法益刑事保护的提前化研究》，《政治与法律》，2019 年第 3 期。

护法益是人类赖以生存的环境，该环境可以维持人类的正常活动与生存发展。"从环境整体角度来看，人类仅是自然环境系统中的一个部分。环境的整体性与独立性并不以人的意识为转移，只有保护好人类自然生活空间里的种种生态形态，如水、空气、风景区以及动植物世界等，才能最终保护好人的生命、身体法益……生态中心论并不是脱离人类利益去抽象地看待环境法益，保护环境的最终目的仍是保护人类利益，但这种人类利益是一种未来的，预期的利益，就现实保护而言，只能转移为保护与人类生存密切联系的现实整体环境。"①

人类中心法益观和生态学法益观对环境刑事保护法益的片面解释，暴露了两种看待环境犯罪立场的缺陷，而生态学的人类中心法益观则改变了以上片面的错误理解，是适应当今社会发展的全面的学说。法益的规范化必须具有法定性，而且法益的合理性特征要求法益要随着时代的变迁以及人类认识的进步而不断完善和改变。当环境的破坏无法影响到人类利益时，也就不必需要刑法予以保护。然而当环境的破坏影响或者威胁到人类的生存发展、身体权益或者财产权益时，刑法就需要对人类的破坏行为做出制裁，不仅让犯罪人受到应有的惩罚，也应该使人类意识到保护环境的重要性。虽然惩罚破坏环境行为的手段包括刑法、民法、行政法等，但是民法对环境问题的保护基本只限于民事赔偿，对有些企业而言，民事责任相较于其得到的收益，几乎不值一提，所以当事人宁愿进行违法行为也不愿做出爱护环境的守法行为。行政法对环境污染的保护程度同样很低，不足以惩罚行为人以及引起人类对环境保护的重视。

《中华人民共和国刑法修正案（八）》中关于"严重污染环境"的理解包括

---

① 周光权：《刑法各论》，中国人民大学出版社，2016年，第421页。

两个方面:其一,对生态环境的严重污染,可以引起环境犯罪的成立,以上属于环境刑法保护手段的提前化,使犯罪提前成立;其二,由于环境污染进而导致的人类财产的损失,危害生命健康也可以使犯罪成立。换言之,就算人类利益未遭受损失,但是环境的严重破坏有可能造成对人类利益的威胁,也属于"严重污染环境";如果环境污染并不严重,但是对人类的正常生活引起重大消极影响,或者严重侵犯了人类的生命健康权以及财产权,也可以认定为上述规定中的"严重污染环境"。关于"后果特别严重"的理解,包括环境本身遭受侵害的后果特别严重,或者人类权益损害的后果特别严重。因此,上述生态学的人类中心法益观和《中华人民共和国刑法修正案(八)》修订以后的规定相吻合。

在刑法修正案(十一)中,立法者将原来"后果特别严重"这一法定刑升格条件修改为"情节严重",并另行规定两种"情节特别严重"的情形。这说明,构成上述条款规定的犯罪并不要求造成实害结果,行为人实施了刑法规定的行为或者造成了一定的危险就可以成立犯罪。可见,刑法修正案(十一)沿袭了法益保护前置化的特色。

污染环境罪以违反国家规定为前提。这里的国家规定是国家有关环境保护方面的规定,而所有的环境保护法律、法规,事实上都采取了生态学的人类中心的法益观。例如,《中华人民共和国环境保护法》第一条规定:"为保护和改善生活环境与生态环境,防治污染和其他公害,保障人体健康,促进社会主义现代化建设的发展, 制定本法。"《中华人民共和国海洋环境保护法》第一条规定:"为了保护和改善海洋环境,保护海洋资源,防卫污染损害,维护生态平衡,保障人体健康,促进经济和社会的可持续发展,制定本法。"此外,《中华人民共和国大污染防治法》第一条、《中华人民共和国固体废物污染环境防治法》第一条、《中华人民共和国水污染防治法》第一条等关于法律目的的规定,都采取了生态学的人类中心的法益观。①

三、犯罪经济学视角下环境污染犯罪防控

(一)环境犯罪的特征

1.环境犯罪的严重后果

环境犯罪所引发的后果覆盖面很广, 一般都会造成人类生命财产安全的损害。和故意伤害罪、故意杀人罪等犯罪相比,环境犯罪造成的侵害结果具有受害人不特定、人数众多的特点,社会危害性更高,受损害的自然环境也具有范围不特定的特点。而且环境危害结果持续时间长,大部分环境损害问题在短时间内无法恢复,这就导致即使环境犯罪问题虽然被发现,但是由于环境污染的不可逆性、难恢复性,人类仍然要长时间遭受因生态环境污染所带来的侵害,这个过程少则数年,多则几十年甚至几百年。比如著名的切尔诺贝利核电站的泄露事故对附近的几代居民都造成了严重的后果, 对当地居民的生产生活也造成了严重的负面影响。

2.环境犯罪的间接性后果

环境犯罪引起的人类生命健康以及财产损失,一般不直接针对人类,而是通过生态系统作为媒介,对人类的利益造成损害。比如,"廊坊工业污水渗坑"事件,在河北省廊坊市大城县南赵扶镇和天津市静海区内,均发现有面积超过 15 万平方米的工业污水渗坑。在廊坊市大城县南赵扶镇北部,有一个废水坑面积约 15 万平方米,约相当于 21 个足球场地。渗坑内的水呈铬黄

---

① 张明楷:《环境污染犯罪的争议问题》,《法学评论》,2018 年第 2 期。

色、红色,并有大量沉积黑色污泥。报道称,在该镇还有一大一小两处废水渗坑,大渗坑面积为 1.4 万平方米,小渗坑面积为 9000 平方米,水体情况与前述废水坑相同。据大城县政府反映,两处土坑均为多年挖土形成,2013 年曾发生废酸违法倾倒事件,导致坑内存水及土壤受到污染,对生态系统的自净以及自我调节功能造成严重破坏。①村民称"用水洗手起小白点,铁质抽水泵会废掉,浇地起白膜,庄稼绝产"等,这些危害后果都是通过人类对生态系统的利用,并通过其中的物质元素传递给人类。由于社会生产力以及人类认识的局限性,其中的部分有害微生物元素在人类未知的情况下,在传播过程中会不断繁殖,造成对人类危害范围变广以及严重程度增大的后果。

3.环境犯罪的行政附属性

环境犯罪通常以未获行政机关的许可或违反相关行政法规的安全标准、安全要求为前提。一方面表现为,概念上的行政从属,即环境刑法条款所涉及的专业性概念需以环境行政法为依据界定,如对固体废物、禁渔期、禁渔区、濒危野生动物等有关专业术语的解释;另一方面表现为,行为方式上的行政从属性,即环境犯罪的客观行为方式及程度应依环境,行政法的标准来界定。

4.环境犯罪的隐蔽性

由于人类认知水平受限,有些环境犯罪造成的危害结果难以被发现。比如,日本富山骨疼病在爆发三十多年之后才查找到病因,这种病是由镉中毒所导致。另外,环境犯罪所导致的危害结果有潜伏期。比如,人类因环境污染而染上的一些病症,在很长一段时间之后才会病发,不会在行为人实施危害生态环境的行为之后立即显现,甚至这一生都不会病发,但是却对人类的身

---

① 阮煜琳:《环保部急赴河北廊坊调查"超级"工业污水渗坑污染问题》,中国新闻网,http://www.chinanews.com/gn/2017/04-19/8203834.shtml。

体构成巨大的威胁,这一特点在污染环境罪中尤为明显。

(二)环境犯罪的成因

环境犯罪的成因是指能引起或者可以造成环境犯罪问题的各种原因、各种现象的综合要素。对于环境犯罪成因的总结与研究可以更好地预防犯罪,以达到保护自然环境,实现人与自然和谐相处的最终目的。对于刑事立法者而言,通过对环境犯罪成因的分析可以找出法律条文中的漏洞,可以使立法工作更加贴合实际,科学严谨。在刑事司法上,基于对环境犯罪成因的判断,司法工作者们不仅可以加深对环境刑事案件的理解,确定环境犯罪行为与环境危害结果之间的因果关系,对犯罪人准确适用刑罚,提高侦办案件的效率,还能针对其犯罪原因设计专门的方案来对罪犯予以矫正。通过对犯罪成因的分析与理解,完善刑法学的学科体系,达到推动刑法学学科发展的目的。

从经济学角度分析犯罪及惩罚的首创者是美国芝加哥大学诺贝尔经济学奖获得者贝克尔,他首先系统地、规范地对犯罪和刑罚作了经济学上的行为分析。他把犯罪行为与其他经济行为如消费、生产等同起来,从经济学视角分析犯罪成本与收益、效益最大化等问题。对环境犯罪经济因素的分析可以从两个方面来考虑:一方面是环境犯罪的收益,另一方面是环境犯罪的成本。一旦犯罪收益超过犯罪成本,犯罪分子便会觉得有利可图,从而铤而走险。

就惩罚成本而言,由于目前我国在环境犯罪方面的立法缺陷和执法漏洞,从事环境犯罪行为实际受到法律惩处的概率是很低的。即使受到处罚,犯罪分子因惩罚而受到的经济损失也极其有限。这样一来,犯罪分子就会得出违法排污、破坏自然环境的行为能为其带来更大利润的结论。这时,由于守法的机会成本太高，企业就会在经济利益的驱使下实施违法乃至犯罪行为。

环境犯罪行为或是以污染环境为代价而获取的成本节省，或是为获取环境资源本身的财产性利益。在环境犯罪行为中，经济因素往往是最原始的动因，即经济因素是环境犯罪行为的内驱力因素。在我国传统文化和现代教育理念的影响下，人们形成的思维习惯还是那种以人为中心，重在满足人类自身需要的思想观念。这种观念在环境犯罪分子脑中根深蒂固，在此观念的指导下容易做出环境犯罪行为。因此，在思想道德因素、文化因素和教育因素三者相互作用下，容易导致环境犯罪分子对破坏或污染环境行为的习以为常。这三种因素在环境犯罪中所起的作用相当于习惯因素。有了习惯的指引，经济的驱动，我国立法中存在的不足则进一步成为犯罪分子从事环境犯罪行为的"诱因"。法律规定的不完善导致犯罪分子有机可乘，他们利用法律的漏洞从事环境犯罪行为，以获取经济利益满足自身的需要。法律的不完善是目前我国环境犯罪的重要诱因，这使得环境犯罪分子肆无忌惮，他们从环境犯罪行为中获得经济利益而得不到相应的处罚，这就进一步刺激他们再从事污染或破坏环境的犯罪行为。同时，这种现象也会刺激那些原本对环境犯罪行为需求并不强烈的人或企业产生环境犯罪的冲动。

环境犯罪行为是犯罪分子在经济利益的驱使下，在以人为中心的思想观念的指导下所实施的犯罪行为。目前立法体系的不完善为环境犯罪行为在客观上提供了便利条件，导致了环境犯罪行为发生的可能性进一步增大。环境犯罪行为正是在上述这些因素的共同作用下产生的。

随着我国经济高速发展，环境污染犯罪行为日益严重，具体影响因素包括：第一，人们对一些新型污染物的危害性及其转化的机理、效应很难了解，污染来源以及转化机制的复杂性，加大了证明危害行为和危害结果之间存在因果关系的难度。第二,遭受损坏的生态环境并非一朝一夕而形成,损害的形成具有长期性和持久性,时间跨度大容易造成重要证据消失,增加了相关部门查处的难度,导致犯罪人基于侥幸心理而实施环境污染犯罪行为。第三,社会公众对环境犯罪行为的宽容心态进一步导致了环境犯罪处罚低下。环境犯罪不同于传统犯罪,它往往依附于正常的生产发展和社会物质进步的经济行为,因而社会公众对此或是给予较低的否定性评价或是从心理上予以接受,认为这是经济发展和社会进步不可避免的代价。第四,司法机关对此种行为的矛盾心态导致处罚低下。司法机关对环境问题一般不敢贸然介入,总担心查处环境危害行为会造成企业停业、歇业甚至倒闭,影响经济增长,加剧社会失业。第五,"先发展,后治理"的错误政绩观,加剧了地方政府对环境污染犯罪听之任之的心态。

风险社会中的环境犯罪具有复杂性及隐匿性。现代企业为了追逐利益的最大化往往使用高科技手段进行生产活动,所造成的环境污染危害周期长且不易被发现,有效防控环境犯罪十分必要。

(三)犯罪经济学视角下环境污染犯罪防控

近年来,环境污染犯罪态势严峻,引起社会各界广泛关注。环境污染犯罪行为多是贪利性行为,犯罪人基于趋利避害的心理,在对成本—收益进行综合考量,效益核算之后,决定实施风险性很高的犯罪行为。本书从犯罪经济学成本—收益角度分析环境污染犯罪问题,并基于恢复性司法理念,提出防控环境污染犯罪对策。

随着《刑法修正案(八)》和《刑法修正案(十一)》关于污染环境罪的立法修改。最高人民法院、最高人民检察院出台先后3个(2013年、2016年和2023年)《关于办理环境污染刑事案件适用法律若干问题的解释》。2015—

2019年,我国涉及环境污染的刑事案件数量直线增长。在这一背景下,关于环境污染犯罪的研究也日益增多,主要有三个方向:第一,环境污染犯罪所保护的法益问题。张明楷认为,对于《刑法修正案(八)》修改后的污染环境罪,既不能仅采取纯粹生态学的法益论,也不能仅采取纯粹人类中心的法益论,而应采取生态学的人类中心的法益论(折衷说);[1]第二,关于环境污染犯罪的责任形式。姜文秀指出环境污染犯罪不属于"法律有规定"的过失犯罪,而是属于仅描述客观构成要件而没有规定主观心态的故意犯罪,属于行为人对于严重污染环境后果所持故意心态的犯罪;[2]第三,关于环境污染犯罪的立法完善问题。马伟虎分析我国关于污染环境罪相关立法的缺失,提出完善防控犯罪的对策。[3]为实现预防犯罪和保护环境的目的,本书试图从犯罪经济学的成本收益角度分析犯罪原因,并提出相对应的防控对策。

典型个案:

广西壮族自治区来宾市中级人民法院于2018年审理的刘土义、黄阿添、韦世榜等17人污染环境系列案中,被告人在兴宾区、武宣县、象州县倾倒、填埋、处置的废油共计6651.48吨,需要处置的污染废物共计10702.95吨,造成直接经济损失3217.05万元,后续修复费用45万元。被告人刘土义被判处有期徒刑五年,并处罚金一百万元;被告人黄阿添被判处有期徒刑四年,并处罚金八十万元;被告人韦世榜被判处有期徒刑四年,并处罚金二十万元;其余被告人被判处有期徒刑四年至拘役三个月缓刑六个月不等,并处罚金;

---

① 张明楷:《环境污染犯罪的争议问题》,《法学评论》,2018年第2期。

② 姜文秀:《污染环境罪的主观心态》,《国家检察官学院学报》,2016年第2期。

③ 马伟虎:《污染环境罪实证研究——以中国裁判文书网121份一审刑事判决书为例》,《西部学刊》,2019年第14期。

刘尾主动交纳四百万元给当地政府用于处置危险废物，二审期间又主动缴纳罚金八十万元，交纳危险废物处置费二十万元，认罪态度好，确有悔罪表现，认定刘尾犯污染环境罪，判处有期徒刑三年，缓刑四年，罚金八十万元。

在此案中，针对环境污染犯罪的刑罚严厉性相对较低。《刑法修正案（八）》中规定造成严重污染环境的，处三年以下有期徒刑，单处或者并处罚金，后果特别严重的，处三年以上七年以下有期徒刑，并处罚金，即使造成有人重伤或者死亡，其最高法定刑也不过七年以下。本案中几乎所有被告人都被判处了罚金刑，但是罚金刑数额最多的也只有一百万元，这和被告人所造成的生态污染的社会危害性相比不可等量齐观，同时罚金刑数额也和犯罪所带来的巨大收益有很大差距。

1.环境污染犯罪的成本—收益分析

近年来，环境污染刑事案件成为社会关注的焦点。环境污染犯罪大多是故意犯罪，行为人在实施行为之前都会对支出成本和预期收益进行衡量，并作出一个理性的选择。如果行为人获利可能性大，则选择实施这种具有风险的行为；如果最后收益为零或者为负数，就会停止这种行为，这也是近年来环境污染刑事案件持续增长的原因之一。

加利·贝克尔作为犯罪经济学的创始人，首次提出成本—收益模型的概念。犯罪人作为一名理性人，会对投入支出和预期收益进行分析并作出一个效益最大化的选择。[①]犯罪人作出的选择是存在边际效用的，当行为超过效用最高点时，收益比便会下降。在犯罪人实施犯罪活动时，实际存在一种犯罪市场，类似于生活中的进行经济活动的经济市场，在这个犯罪市场中犯罪

---

① 宋浩波：《犯罪经济学》，中国人民公安大学出版社，2002年，第39页。

人相当于消费者,受害者相当于供给方,二者在犯罪市场互动。作为理性经济人，行为人在一定条件下利用特定的时间和资源在犯罪市场进行犯罪活动,以获得最大收益。对于犯罪者来说,犯罪收益的多少是可以刺激其作出犯罪决定的重要因素，但是真正能使其作出犯罪决定的直接因素是犯罪成本。当一个人认为犯罪收益大于犯罪成本时,也就是获利为正数时,便会实施犯罪;反之,则不会。效用是指犯罪人在进行犯罪活动时获得犯罪对象或者达成犯罪目的而获得的满足感，也就是实施犯罪行为对其本身的意义或者价值。边际效用是指,在特定时间犯罪人每耗费一单位犯罪成本,或者增加一个犯罪对象所获得的对其自身而言的价值和满足感。边际效用具有递减性,也称为戈森第一规律,[①]是指一定时间内,消费者随着消费量的增加,他所获得的满足感却在逐渐减少。在犯罪经济学中表现为随着犯罪对象的增加或者实施犯罪活动的增多，每单位犯罪对象或者犯罪活动所对应的效用在逐渐减少。参见下图:

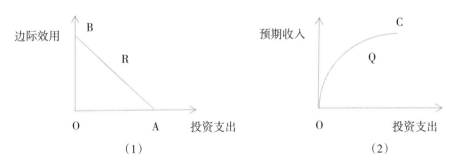

图5-4　犯罪人投资支出与边际效用、预期收入关联图

如图5-4中,R这条斜线是指,随着投资支出的增加,所获得的边际效用在不断减少,当投资支出到达 A 点时,边际效用也到达最低点,也就是当投

---

① 宋浩波:《犯罪经济学》,中国人民公安大学出版社,2002 年,第 79 页。

资支出过多时,犯罪人所收获的价值以及满足感即降为零。在(2)中Q这条曲线是指,随着投资支出的增加,预期收入也在增加,但是增加的幅度却在降低,这条曲线的斜率,也就是增加的幅度与(1)中的R斜线呈正相关,当投资支出到达C点时,预期收入也达到最大值,此时的增加幅度为零,也就是当再次增加投资支出后,预期收入增加幅度为负数,斜率为负数,收益也随之降低。此时图(1)中的A点和(2)中的C点所对应的X轴上的数值相同,即投资支出相同。A点和C点即为犯罪人基于对预期投资成本和预期收益的综合考量后决定实施犯罪行为的最佳投资支出点。根据上图可以得出,在增大犯罪成本的同时,降低犯罪收益就需要减小犯罪人投资支出的边际效用,此时可以从自变量预期投资成本角度进行改变。

2.环境污染犯罪的成本-收益影响因素

每个人在实施一定行为时,都会经过综合考量和理性的选择,这个理性的选择是人们针对即将实施犯罪行为的投入成本和预期收入的效益核算,当且仅当理性的犯罪人在核算之后认为收益大于成本时才会选择实施这种行为,而收益为负数或者收益小于成本时,他们就会放弃这种具有风险性的犯罪行为。环境污染犯罪是逐利性极强的犯罪,和其他经济活动一样,主体都谋求自身利益最大化,通过各种衡量来达到经济价值最优水平。犯罪人会对各种犯罪成本进行综合考量,当其认为实施犯罪行为对其本身而言相比进行相关正当合法活动的收益要划算时,便会做出犯罪决定。作为一名理性的犯罪人,在实施故意犯罪前对成本与收益的核算也可以称为理性的预谋犯。环境污染犯罪行为人计划用最少的资源支出,来获取对其本身来说最大化的预期收益。当预期收益大于犯罪人的资源支出时,环境污染犯罪行为人就会实施环境污染犯罪;当预期收益小于犯罪人的资源支出或者两者几乎相等时,环境污染犯罪行为人就会选择停止犯罪。在通过对犯罪经济学和环境污染犯罪的原因和特征进行分析之后，基于犯罪经济学的视角运用成本-收益理论对环境污染犯罪问题进行阐述，通过介绍环境污染犯罪问题的各种成本比较，收益比较以及影响因素，最后从相关角度出发来提出环境污染犯罪的防控对策。这不仅可以从根源上控制环境污染犯罪的发生，还能积极奉行国家环境保护绿色发展的理念，以此来保障民生福利，推动经济可持续发展。

（1）犯罪成本

①机会成本

机会成本就是人们用一特定时间段来进行某种行为，并因此失去了进行另一种行为的时间和资源。犯罪人都是理性人，他们会对实施两种不同行为所获取的利益进行考量，基于效益最大化的驱动做出最有利于自己的选择，来实现收益最大化。时间机会成本一般会受到以下几项因素的影响，比如受教育程度、工资收入、年龄等。受教育程度越高，在教育资源上的支出花费也就越高，得到现有的资源水平也就越不容易，时间机会成本越高，就更倾向于对不正当行为的拒绝。对于工资收入相对较高的群体来讲，时间机会成本比较高，他们比工资收入较低的群体更愿意将时间花费在正当活动上，犯罪的可能性就会更小。比如，2013 年江苏省宿迁市徐有等 3 人的污染环境案件中，犯罪人在不具备危险废物处理资质、也无环保部门出具的危险废物转移联单的情况下，采取夜间运输倾倒、专人随车望风等方式，先后 12 次将宿迁市永盛化工厂的强腐蚀性化工废水运至江苏省新沂市骆马湖岸边水塘或低洼处倾倒，总计约 96 吨。从犯罪人角度来看，利用夜间去实行危险废物转移行为所获得的犯罪收益，远远要比利用相同时间相同精力实施合法正当活动所取得的正当利益更为划算，所以犯罪人基于用最少支出获取最大收益的成本核算，实施环境污染犯罪行为。

②预期惩罚成本

惩罚成本是预期犯罪成本中最重要的一项内容。针对环境污染犯罪而言,主要涵盖三个方面:第一,惩罚是否及时。因为环境污染犯罪具有一定的特殊性, 由犯罪行为引起的生态损害和环境污染可能在一段时间之后就会自行恢复,强有力的证据也会因此消失,对于司法机关来说,很难对其进行法律追诉。第二,惩罚的概率,这同样也是引起环境污染犯罪的重要因素。环境污染"犯罪黑数"空间大,很多犯罪的发生最后都没有被追究,甚至没有记录在案,惩罚概率低便会给行为人一种心理暗示,即自己实施这种行为以后也不会受到惩罚,或者受到惩罚的可能性较小,在这种侥幸心理的驱使下实施了这种行为。第三,惩罚的严厉性。在司法实践中,关于环境污染犯罪的刑罚处罚主要是自由刑和罚金刑两种,实践中量刑标准不统一,参见下表,根据下表笔者整理的相关案例可见,法官量刑标准化应当进行改革。

表 5-1 八例环境污染犯罪量刑一览表[①]

案例	案号	犯罪收益	造成损失	自由刑	罚金刑
1	(2018)浙 0681 刑初 463 号	20 万	900 余万	有期徒刑 4 年	20 万
2	(2018)浙 0822 刑初 53 号	2.58 万	88 余万	有期徒刑 1 年 3 个月,缓刑 1 年 6 个月	4 万
3	(2017)冀 0283 刑初 343 号	4 余万	86 万	有期徒刑 1 年 6 个月	7000
4	(2018)冀 0922 刑初 115 号	2000	90 万	有期徒刑 11 个月	2 万
5	(2018)苏 0682 刑初 381 号	16 万	4 万	有期徒刑 9 个月,缓刑 1 年	16 万
6	(2017)苏 0508 刑初 115 号	23 余万	850 余万	有期徒刑 5 年 6 个月	30 万
7	(2016)闽 0426 刑初 56 号	20.4 万	160 余万	有期徒刑 3 年,缓刑 4 年	15 万
8	(2017)豫 0928 刑初 327 号	10 余万	1800 余万	有期徒刑 5 年	20 万

---

① 案例来源:中国裁判文书网。

针对环境污染犯罪而言,罚金刑的标准是犯罪的重要决定因素。但如果只是顾及惩罚的严厉程度,而忽视惩罚是否及时以及惩罚的概率问题,那非但不能解决惩罚威慑犯罪的作用,反而对预防和治理犯罪问题有一定的副作用。在所有的犯罪成本中,惩罚成本只能靠国家来进行调整,刑罚的调整也要注意边际威慑作用,通过单纯的调整刑罚的严厉程度不能达到预防犯罪和末端治理的效果,因为刑罚可以严格、严密,但不能过分严厉,所以要在确保惩罚的及时性、必要性、严厉性三方面来对犯罪问题进行规制。总之,预期惩罚成本增高,便会抑制犯罪的发生,调整预期惩罚成本对犯罪率的控制具有重要作用。

③直接成本

犯罪人实施犯罪行为需要进行提前踩点,购买犯罪工具,以及雇佣相关劳动者等提前准备工作,犯罪行为完成之后需要进行清理掩埋等后续活动,为此付出的犯罪成本即直接用于犯罪活动的费用被称为直接成本。直接成本对环境污染犯罪而言是必然成本同时也是固定成本。比如某些非法排污行为需要采购专门用车,制作虚假报告来逃避环保部门监管,需要雇佣工作人员来进行排污行为,以及在排污之后对污染现场的及时掩埋工作来避免被人发现所耗费的资源和成本。当废弃物被随意倾倒、排放、处置,一旦超出生态系统的自我恢复能力后,就会造成重大的污染,进而引起严重财产损失甚至是人员伤亡。生态系统的恢复具有即时性,在一定时间内进行补救,遭受破坏的资源以及财产损失会得到一定程度的挽回和弥补,人员伤亡现象也会有所避免,但是犯罪人只想通过最小的投入成本来获得最大的经济利益,而无意对生态系统的恢复付出成本,这也是最终环境污染发生并造成不可逆现象的原因之一。

司法机关进行建议或举报。开通群众举报热线，倒逼环保部门履职尽责。通过以上方式加强国家有关部门对环境污染行为的处理积极性，并以此加大对涉及环境污染犯罪问题的监督及打击力度，提高司法机关的办案效率和能力。惩罚概率的提高，对潜在犯罪人具有一定的警示和预防作用。

（2）合理提高自由刑严厉程度

在环境犯罪中，犯罪人最终受到的刑法惩罚和其造成的社会危害往往不太匹配，相差过大。上表中案例 8 环境污染犯罪造成损失 1800 余万元，被判处 5 年有期徒刑，社会危害性和处罚结果显著失衡。对于造成500 万元—1000 万元损失，但是生态环境可以在某种程度上予以修补进而挽回部分损失的犯罪行为，建议适用 10–15 年有期徒刑；针对 100 万元—500 万元范围内损失的犯罪，将 7 年以下有期徒刑设定为 7–10 年以下有期徒刑，更能和犯罪行为造成的严重后果相适应；对于损失范围在 100 万元以下的，建议将有期徒刑设置为 7 年以下有期徒刑，同时可以配合缓刑适用。在刑罚严厉性方面的立法完善，应当以适当调整为基础，并坚持罪刑法定原则，要综合犯罪人过往犯罪经历，主观恶性以及损害后果多方面进行衡量，最终制定合理且能有效预防环境污染犯罪的刑罚制度。

（3）细化罚金刑适用规则

环境污染犯罪是典型的贪利型犯罪，是犯罪人基于收益最大化实施的犯罪行为，罚金刑的适用应当罚当其罪。对犯罪人而言，将其所得的犯罪收益进行罚没以及使其加倍赔偿，通过提高犯罪成本使其认清破坏环境的严重性，达到警示其他潜在犯罪人预防犯罪和惩罚犯罪的效果。于国家而言，罚金刑也能节省国家在司法资源支出和建设管理上的耗费，并且能够避免犯罪人之间的交叉感染。罚金刑要罚当其罪，具体数额和犯罪人的主观恶性、后果严重性，以及生态环境破坏程度要相对应。我国刑法条文中对环境污染犯罪的罚金刑规定并不具体，高低偏差幅度较大，不利于环境污染犯罪的惩戒和预防，和刑法中罪责刑相适应这一原则相冲突。这也会造成在刑事审判过程中法官具有较大的的自由裁量权，同时也会出现不同地点、类似案件以及相近破坏力的环境污染行为被判决的罚金差距较大，或者不同法官审判时对相似案件以及后果的犯罪人判处不同的罚金刑等不公平的判决结果，这样"同案不同判"的结果也容易引发社会的舆论，造成司法机关公信力的降低。

典型个案：

2014 年 10 月起，被告人王秋为承包现代农业物流园用地回填工程，并转包给他人，在明知该物流园用地不具备生活垃圾处置功能，且他人无处置生活垃圾资质的情况下，任其倾倒、填埋生活垃圾。该填埋场西北侧为吴淞江，东侧为农田，500 米内有村庄 3 座，最近的村庄距离该填埋场 125 米。王秋为和被告人李伟根系合伙关系，其中王秋为总体负责填埋工程。被告人刘红海系南侧填埋工地负责人，被告人韩洋应刘红海之邀作为合伙人参与南侧填埋工程。该填埋场采用生活垃圾和建筑垃圾分层填埋的方式填埋生活垃圾。填埋生活垃圾被发现后，王秋为派人移除北侧部分生活垃圾，南侧继续填埋生活垃圾直至 2015 年 3 月。经测算，北侧所倾倒、填埋生活垃圾的留存量为 48236 立方米，南侧所倾倒、填埋生活垃圾的留存量为 146935 立方米。

经评估，王秋为、李伟根填埋生活垃圾造成公私财产损失合计人民币约12067009.94 元，刘红海、韩洋填埋生活垃圾造成公私财产损失合计人民币约9084680.27 元。

上述各被告人的行为均构成污染环境罪，且属"后果特别严重"。最后四位被告人的判决结果中有期徒刑均在 5 年以下，罚金刑也都不超过 20 万元。虽然我国罚金数额未规定上限，但是在司法实践中，具体量刑结果和犯罪行为造成的财产损失，以及后续发生的修复费用差距较大不相适应的情况时有发生。笔者建议，个人犯罪罚金数额可在违法所得的三倍以上五倍以下的范围内确定。若为单位犯罪，可对单位适用违法所得两倍的刑罚处罚，并对相关负责人根据主观恶性的大小和其在犯罪活动中所起作用的大小，处以自犯罪行为计划实施开始到实施结束的时间范围内，从本单位所取得收入的三倍到五倍罚金。这样不仅可以有效惩罚犯罪，使犯罪人不敢再犯，还能警示潜在犯罪人，达到犯罪预防的目的。

（4）以环境修复降低犯罪预期收益

环境修复制度更强调被损坏社会关系的修复问题，被害人和犯罪人在此基础上通过沟通协商达成和解，最终取得宽大处理。在环境污染犯罪领域，此制度不仅能实现被损害生态系统最大程度的修复，并可达到环境污染犯罪惩罚和预防的效果，是经济学上效率最大化原理的重要体现。基于国家和社会层面而言，环境修复制度的适用可以通过更低的司法成本获得更高的环境效益，维护生态环境、坚持绿色发展是惩治环境污染犯罪的最终目的。基于犯罪人而言，通过环境修复的方式降低犯罪收益，既能实现人与自然和谐相处，推动经济可持续发展，更能降低犯罪人犯罪欲望来预防犯罪，最终达到减少犯罪的目的。传统惩罚性制度更加偏向于事后惩罚，这些措施对生态环境的修复和挽救效用较低，而环境修复制度可以在很大程度上弥补事后惩罚的缺陷，并将遭受破坏的生态环境及时恢复。

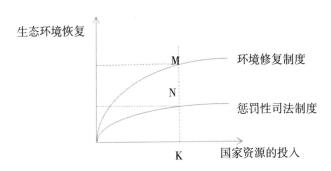

图 5–5　两种制度对生态环境修复作用对比图

关于以上看法，笔者设计了图 5–5 模型来予以阐述，当在 X 轴上取一定值 K 时，两条曲线所对应的点分别为 M 点、N 点，显然，当其体现于 Y 轴上时，M 要远远高于 N 点对应的数值。即当国家投入相同资源时，适用环境修复制度明显要比惩罚性司法制度更有利于生态环境的恢复。犯罪人基于其自身利益最大化的考虑用较低的成本实施环境破坏，但是对国家来说，生态环境的破坏需要耗费巨大的资源成本去保护和修复。

相比较而言，惩罚性司法制度是在犯罪行为发生之后，生态环境已经遭受破坏的情况下，对犯罪人实行监禁刑或者财产刑，事实上对国家社会或者被破坏的生态环境而言意义不大。对犯罪人实行财产刑对国家治理相关环境破坏问题确有一定的帮助，而监禁刑只是事后惩罚，对犯罪人未来再去进行其他犯罪活动具有一定的预防作用，以及对其他潜在犯罪人具有相关警示作用，但是对被破坏的生态环境几乎没有价值。基于国家层面来讲，环境修复制度对于生态环境的恢复以及保护更具有及时性。不管是国家的强制，还是犯罪人内心的后悔，在犯罪人实施完犯罪行为后，能够积极地进行修补，不仅对类似犯罪人具有示范作用，也能防止生态环境的进一步恶化。笔者建议,补充责任转换执行制度,对于在特定期限内无法履行环境修复义务或者怠于履行环境修复义务的犯罪分子,可以通过执行财产刑或者监禁刑的形式予以弥补。建议增加非刑罚措施的种类:其一,延长从业禁止的期限。《刑法修正案(九)》增设了关于从业禁止的规定,丰富了我国资格刑的种类。目前《刑法》关于从业禁止的期限是 3–5 年,但对于环境犯罪而言,从业禁止的期限较短,不足以达到惩治犯罪、预防再犯的目的。环境犯罪的行为人大多具备从事环境工作的资质条件,法官可根据犯罪情节延长从业禁止的期限,甚至永久剥夺行为人从事环境活动的资格,即实施终身资格刑。其二,增设其他资格刑种类。近年来,单位环境犯罪的比重持续上升。可针对单位这一主体设置资格刑,即刑事强制破产制度和禁止单位市场准入及从事特定活动,以此弥补单位犯罪在刑罚体系中的欠缺,达到惩罚和预防单位犯罪的目的。此外,可以对环境犯罪人进行环保知识再教育,强制要求其集中学习环保法律法规且必须通过考核。

环境修复制度更强调犯罪人对被损坏社会关系的责任承担问题,被害人和犯罪人为此通过沟通协商达成和解。犯罪人是侵犯环境公益的始作俑者,为避免"公地悲剧"类似事件发生,对社会秩序及公众福利造成影响,犯罪人要承担环境修复责任。无论是环境修复制度还是惩罚性司法制度都是为着一个最终目标,那就是保护环境,实现人与自然和谐发展。然而在经济领域中,基于国家层面而言,环境修复制度能用更低的司法资源和成本来达到最优治理水平;针对犯罪人而言,环境修复制度实际上是通过降低犯罪收益来达到预防犯罪和事后恢复的效果。

在犯罪经济学视角下,污染环境罪之所以在严厉打击下依旧态势严峻,是因为刑事诉讼惩罚的确定性和严厉性不足,使得犯罪的成本低、收益高,犯罪人倾向于犯罪。建议通过提高犯罪成本,强调环境修复,补足惩罚严厉性或确定性不足等,使得污染环境罪犯罪成本升高、收益降低,从而对犯罪防治起到积极作用。

第六章

涉环境污染犯罪企业刑事合规研究

2019 年至 2023 年，全国检察机关受理审查起诉污染环境类犯罪 37465 人。[①]其中涉及企业的环境污染刑事犯罪占比较高。从近年来"两院"发布的环境污染犯罪典型案例中可见，企业环境犯罪的案例数量不断增加。这意味着对涉环境污染犯罪企业的追责力度大幅增强，企业所承担的环境犯罪刑事风险在进一步加大。而长期以来，我们把关注的重点放在了企业环境民事侵权和行政违法问题上，对企业环境犯罪问题关注较少。企业环境犯罪与个人环境犯罪相比有很大不同，企业环境犯罪有组织化，规模化的特点，对环境破坏力更强，造成的后果也更加严重，对生态环境的损害影响深远，难以修复。而通过刑法事后惩罚的手段解决企业环境问题，并不能达到最优的治理效果。企业环境犯罪的危害后果具有隐秘性和长期性，其因果关系的判断以及危害后果的评估需要专业的犯罪侦查技术来确定，这无疑增加了企业环境犯罪刑事追责的成本。[②]再者，企业环境犯罪与其他单位犯罪不同，犯罪

---

① 《苗生明：检察官办案要走出卷宗、走出办公室》，https://mp.weixin.qq.com/s/bD5be97v-dl-HX3BSnLKx2Q，2024 年 5 月 2 日访问。

② 李传轩：《绿色治理视角下企业环境刑事合规制度的构建》，《法学》，2022 年第 3 期。

的预防明显更为重要，企业环境犯罪的刑事政策应当以生态环境的保护作为首要目的。①而司法实践中，对涉环境污染犯罪企业进行刑事惩罚并不能较好的实现环境犯罪的预防功能，对于已经被犯罪企业破坏的生态环境的环境利益来说并非最优救济方式。

如何更好地规制企业环境犯罪，实现保护生态环境与企业可持续发展的双重目的，是当前形势下亟须考虑的问题。目前在我国理论与司法实践中广泛开展的企业环境刑事合规制度为此提供了一个很好的契机。截至目前，最高人民检察院公布四批 20 个涉案企业刑事合规典型案例，其中涉嫌污染环境及破坏资源类犯罪 4 个（占总数的五分之一），充分说明了该类犯罪在刑事合规中的引领与示范作用。

两年多来，各地检察机关在最高人民检察院的推进和指导下，积极延伸检察职能，大胆探索实践，办理了一大批企业合规案件。虽然在刑事合规方面已经进行了改革试点并有了一定的案例经验。但目前我国企业环境犯罪刑事合规的理论研究与实践探索仍处于初始阶段，对于企业环境犯罪刑事合规这一领域的立法依据有待扩充，理论研究有待深入，所以构建较为具体完善的企业环境刑事合规制度成为必然。

一、涉环境污染犯罪企业刑事合规的正当性依据

污染环境犯罪治理是环境治理的重要组成部分。污染环境犯罪治理问题既是我国刑事法学理论研究领域的热点问题，更是关乎我国能否实现绿色发展理念、能否推进生态文明建设的重大现实问题。污染环境犯罪治理的

---

① 殷会鹏、张训：《生态环境保护视角下我国企业环境刑事合规制度的构建路径》，《广西警察学院学报》，2024 年第 1 期。

关键在于深刻认识该类犯罪的生成模式,惟有此,才能设计出有针对性的治理体系,畅通治理机制。

(一)犯罪生成模式理论

犯罪生成模式是犯罪原因的另一种表述,强调的是导致行为人实施犯罪的各因素之间的作用方式、作用过程以及各因素在犯罪生成过程中所处在的地位。[①]

在犯罪化学反应方程式的各要素中,"带菌个体"代表的是潜在犯罪人(包括自然人和单位),"致罪因素"代表的是促使犯罪发生的各种社会因素,"催化剂"代表的是控制弱化因素,包括社会控制弱化和情境弱化。犯罪化学反应方程式的作用机制是:"带菌个体"受"致罪因素"影响,会产生犯罪动机,从而成为危险犯罪人;危险犯罪人通过对"催化剂"各要素的感知,在一定的条件下,就会实施犯罪行为,从而成为现实犯罪人。

按照犯罪生成模式理论,可以把污染环境犯罪的生成模式归结为:由于实施污染环境行为有利可图,一些自然人和企业为了追求利益,易形成污染环境犯罪的故意心理,成为污染环境犯罪的"带菌个体",信仰缺失,特别是企业社会责任感缺失强化了此种犯罪心理;在遇到工业社会所提供的污染物的"致罪因素"情形下,污染环境犯罪"带菌个体"成为危险犯罪人;污染环境犯罪"带菌个体"一旦受社会控制弱化、情境控制弱化等"催化剂"因素影响,就可能实施污染环境犯罪。[②]由此可见,污染环境犯罪是"带菌个体"在"致罪因素"与"催化剂"的影响下形成的犯罪,因此阻断污染环境犯罪发生

---

① 犯罪生成模式分为微观生成模式与宏观生成模式两种,本书中的生成模式特指微观生成模式。参见汪明亮《犯罪生成模式研究》,北京大学出版社,2007 年版。

② 汪明亮:《污染环境犯罪生成模式与多元治理机制》,《南京社会科学》,2021 年第 3 期。

的关键在"致罪因素"与"催化剂"。其中致罪因素与催化剂的减少,将有效预防企业环境污染的发生概率。

污染环境犯罪治理不能过度依赖刑罚。把污染环境犯罪的原因仅仅归纳为刑罚不够严厉,是不符合污染环境犯罪生成模式的,也是不科学的。虽然刑法手段可以在一定程度上抑制污染环境犯罪行为的生成,但这并不是最佳的手段选择。增加刑法打击的确定性,只能强化社会控制因素的某一方面,不可能完全改变污染环境犯罪的生成规律。因此,必须承认刑罚手段在污染环境犯罪治理过程中的局限性。有效合规计划的制度要素中,无论是事前预防机制的建立,还是事中展开的内部调查以主动进行外部揭弊,抑或事后的完善合规漏洞,都在一定程度上通过减少"致罪因素"和"催化剂"进行企业环境犯罪预防,从而消除企业内生性的可能存在犯罪的要素,这也是积极一般预防理论的应有之意。[①]

(二)善治理论

"善治"理论视野下的企业合规符合现代多元协作的治理方式。在传统企业犯罪治理框架下,预防企业犯罪倾向于被视为国家专属事务,而并非社会公共事务,因而在预防机制上表现为国家力量的单打独斗,加之预防的主要方式为刑罚预防,是在企业犯罪已经发生之后才介入的,此时企业只能处于被追究刑事责任的境地,而不能成为治理犯罪的一方主体,其自我预防犯罪的意愿自然受到了极大地抑制。而刑事合规制度,实质上是通过将企业经营是否合规及其合规的努力程度,作为认定涉案企业刑事责任的有无及轻重的核心要素,使企业自我预防的成效与企业自身的命运直接关联,促使企

[①] 李本灿:《刑事合规的基础理论?》,北京大学出版社,2022年,第98~100页。

业成为内部犯罪的合格预防者，以此形成企业犯罪的国家——企业合作预防的新型治理格局。[1]但是，将企业自我预防纳入刑事规制范畴，固然是为了有效预防企业犯罪、避免频繁动用刑罚所造成的负面效应，但这并非国家在单方面科以企业刑法义务，而是反映了企业及企业家自我发展、自我实现的深层需要。陈瑞华教授认为，企业合规机制已经超越了正式的法律制度，成为企业自我监管、自我整改和自我治理的一种方式。[2]一方面，国家以刑事法治推进企业合规建设，可以促使企业克服自身"重生产经营、轻风险防控"的治理缺陷，提升企业守法能力；另一方面，历史经验已经告诉我们，只专注于提高运营效率所获得的竞争优势是短暂的，唯有植根于"法规忠诚"的企业文化与运行机制，才能提升企业的内生性竞争力，并确保企业可持续的经济优势。因此，刑事合规，本质上是"共治、共享、共赢"这一现代治理理念的核心价值在企业犯罪治理中的具体体现，是国家——企业合作预防政策导向的制度化表现形式。

此外，刑事合规制度的运行，也离不开企业之外的其他社会组织的协同参与。这主要表现为其他社会组织及社会成员作为第三方，协助司法机关开展企业合规有效性考察评估。从合规实践看，律师事务所、会计师事务所、学术机构等社会组织，除了参与企业合规有效性评估外，在帮助企业制定和实施有效的合规计划方面也发挥着重要作用。最高人民检察院连同其他相关部门共同研究制定的《关于建立涉案企业合规第三方监督评估机制的指导意见（试行）》，正是各方主体协同参与刑事合规的初步制度化体现。

---

① 张远煌：《刑事合规是"共赢"理念在企业治理中的体现》，《检察日报》，2021 年 8 月 31 日。

② 陈瑞华：《企业合规基本理论》（第三版），法律出版社，2022 年，第 9 页。

(三)恢复性司法理念

恢复性司法,注重治疗、弥补犯罪行为对被害人和社会造成的伤害,是对犯罪作出的系统反应。[1]恢复性司法是现代刑事政策理念下形成的新制度,在英国、美国、加拿大、巴西等多个国家得到了确立和发展,并且得到了联合国及其有关机构的支持和推荐,甚至被认为是"当下西方刑事法学界研究的'显学',代表了各国立法改革的内容和未来司法的发展方向"。[2]恢复性司法认为,犯罪是"对被害人的伤害、对社区安宁的破坏和对社会公共秩序的威胁",[3]因此,当事各方应当积极地协商、会谈,通过刑罚之外的措施,如赔礼道歉、补偿、社区服务等方式,修复被破坏的社会关系。实践证明,恢复性司法相较于传统刑事司法模式的特别预防效果更胜一筹。[4]

在传统刑事司法模式中,企业犯罪引发的后果不仅是直接责任人员获刑,还会给企业造成重大的名誉损失和财产损失,甚至破产。而企业破产会引发员工失业、商业伙伴利益受损、经济秩序被破坏等连锁反应,如安达信案发后,短时间内,数万名员工失业,造成巨大经济损失和社会经济动荡。[5]此时,企业和国家的法治冲突不仅未能得到有效解决,反而因为传统刑罚的适用而升级,契合恢复性司法的企业刑事合规在一定程度上为解决这一问题提供了新的思路。建立企业合规之后,涉罪企业会积极采取措施进行补救,如缴纳罚款、税款,赔偿被害人,修补制度漏洞,修复被其破坏的社会关

---

①　丹尼尔·W. 凡奈思:《全球视野下的恢复性司法》,王莉译,《南京大学学报(哲学社会科学版)》,2005 年第 4 期。

②　英国内政部:《所有人的正义:英国司法改革报告》,中国检察出版社,2003 年,第 137 页。

③　陈兴良:《刑事法评论(第 11 卷)》,中国政法大学出版社,2002 年,第 26 页。

④　刘晓虎:《恢复性司法研究:中国恢复性司法之路》,法律出版社,2014 年,第 37 页。

⑤　陈瑞华:《安然事件和安达信事件》,《中国律师》,2020 年第 5 期。

系,大大减轻犯罪给社会带来的危害,并能有效预防再次犯罪。①污染环境涉案企业采取生态修复措施,恢复生态系统功能,一定程度上可以作为企业合规整改的要求,降低企业犯罪特殊预防的需求,并成为合规监管考察验收合格的重要标准。

恢复性司法理念关注利益相关方在自愿的前提下（参与的多元性）,协商如何修复受到损害的法益(目的的指向性)。现有的环境刑罚体系以自由刑与罚金刑为主,对损害的生态利益并未规定相应的救济措施,而环境刑事合规恰能弥补这种不足：在检察机关主导下，涉案企业与被害人（被侵权人）、社会组织或者特定的国家机关达成调解、和解协议并适时履行,通过补植复绿、增殖放流等形式,司法机关让渡出部分刑罚权,涉案企业提早修复受损的生态环境,换取对企业及直接责任人的刑法激励。这种典型的恢复性司法,其运行仍需要司法机关考察犯罪嫌疑人的认罪与悔罪表现、是否与社会组织或者特定的机关达成调解或者和解协议并履行等相关情况。因此,司法机关对涉嫌环境犯罪的企业及其直接责任人的追诉权、威慑力并没有丧失,反而由于这种谦抑性促使其提前修复生态环境,实现刑法的目的。

二、我国涉环境污染犯罪企业刑事合规的实践探索及其发展困境

（一）实践探索

环境刑事合规在美国等企业合规制度发达的国家已有较为丰富的实

---

① 贾佳:《企业刑事合规的正当性根据及价值》,《山西警察学院学报》,2024 年第 2 期。

践,但我国的实践才刚刚开始,开始有了一些司法案例。2015 年的"宁夏明盛染化有限公司、廉兴中污染腾格里沙漠案"中,可以找到刑事合规的印记。[①]2021 年 6 月至今,最高人民检察院先后发布了四批共计 20 件涉案企业合规典型案例,展示着涉案企业合规改革的鲜活实践,反映着涉案企业合规改革的检察思维,对司法实践具有重要的指导意义,是展示涉案企业合规改革进程的样本和窗口。20 件涉案企业合规典型案例中涉嫌环境污染犯罪有 2 例。而 2018 年的"张家港市 L 公司、张某甲等人污染环境案"可被视为尝试适用企业环境刑事合规制度的典型案例,该案是最高人民检察院推行的企业合规改革试点典型案例中的第一案,[②]2020 年 8 月,张家港市公安局以 L 公司及张某甲等人涉嫌污染环境罪向张家港市检察院移送审查起诉。张家港市检察院进行办案影响评估并听取 L 公司合规意愿后,指导该公司开展合规建设。通过开展合规建设,L 公司实现了快速转型发展,逐步建立起完备的生产经营、财务管理、合规内控的管理体系,改变了野蛮粗放的发展运营模式,企业家和员工的责任感明显提高,企业抵御和防控经济风险的能力得到进一步增强。这一典型案例是大力推行企业刑事合规改革试点背景下开展的以检察机关为主导、生态环境管理等行政机关积极配合,以及相关社会主体积极参与的有益实践。

(二)发展困境

1.实体法层面的立法依据有待扩充

在刑事合规领域,我国目前已经有很多学者提出了立法建议,但主要涉

---

① 《宁夏回族自治区中卫市沙坡头区人民法院(2015)沙刑初字第 49 号刑事判决书》。

② 《严管厚爱! 最高检发布企业合规改革试点典型案例》,载正义网,http://news.jcrb.com/jszx/202106/t20210603_2285436.html,2024 年 4 月 28 日访问。

及程序法层面。涉案企业能否有效地进行合规改革离不开刑事实体法作为强有力的法律支撑。涉环境污染犯罪企业刑事合规改革,涉及多方面的法律规范,如刑法、刑事诉讼法,环境法、行政法等。为企业环境刑事合规制度提供刑事实体法的支撑对于企业环境刑事合规的制度构建以及企业的良性发展具有至关重要的意义。既有的企业合规的主要规范文本包括了中央和地方的规范性文件、国家或行业标准等软法规范。《中央企业合规管理指引(试行)》《企业境外经营合规管理指引》《关于建立涉案企业合规第三方监督评估机制的指导意见(试行)》属于规范性文件,而《合规管理体系指南》只是国家推荐性标准。一些地方检察机关及律师协会也出台了一些企业合规指引等相关规范,如北京市大兴区人民检察院、北京市大兴区知识产权局、北京市大兴区工商业联合会发布的《侵犯知识产权犯罪涉案企业合规整改指南》,上海市浦东新区人民检察院等发布的《企业知识产权合规标准指引(试行)》等。

我国目前已经出台的企业刑事合规的规范文件,一是效力层级较低,很多文件只是国家推荐标准或者行业指引,缺少由立法机关公布的专门的法律、行政法规等规范性文件;二则规范内容不直接与环境刑事合规相关。现有规范内容更多针对的是民商事和行政监管方面的合规要求,仅有一个是基于刑事合规试点改革推进需要而制定的仅针对涉案企业合规第三方监督评估机制方面的内容规范,即《关于建立涉案企业合规第三方监督评估机制的指导意见(试行)》。

目前,我国虽然在企业环境犯罪领域展开了刑事合规试点,各地检察机关办理了一大批企业合规案件,在数据合规、知识产权合规等方面,我国已经出台了有关规范性文件。但是我国在环境刑事合规的法律规范是缺失的,这导致环境刑事合规制度未能与刑事法律有效衔接,更未转化为刑事激励机制。[①]所以企业环境刑事合规的发展还需依托专门的立法。现有的专注于专项合规方面的合规文件仅有两部,也即《保险公司合规管理办法》和《证券公司和证券投资基金管理公司合规管理办法》,缺少对于环境保护合规进行专项规定的文件。

2.刑事合规的判断标准有待明确

涉案企业合规改革的推进使"合规计划"的概念和要素普及开来。以合规政策体系、合规组织体系、合规程序体系为蓝本,合规文件、合规风险评估、合规培训、合规举报、合规奖惩等制度要素已经深入人心,这无疑是本次改革取得的重大成就。但是,当前的涉案企业有效合规计划建设仍然存在诸多问题,涉案企业有效合规计划的有效性标准也有待进一步完善。

涉案企业合规改革的合规激励性质决定了涉案企业只有打造有效合规计划、建立合规治理体系,才能获得合规从宽的案件处理优惠。[②]涉案企业合规改革推行至今,各方参与者的关注焦点转向如何提升涉案企业合规监督考察和合规整改的实质效果。[③]合规计划有效性标准的合理确定与严格把握成为涉案企业"真整改""真合规"的题中应有之义。然而,改革实践中涉案企业建立的合规计划究竟有效与否,检察机关和第三方监管人又能否对合规计划有效性作出专业的评估,仍然是不无疑问的。

首先,涉案企业合规考察不合格的案例极其少见。有数据指出,经过两年试点,各级检察机关办理的涉企业合规案件中,适用第三方监督评估机制

①　殷会鹏、张训:《生态环境保护视角下我国企业环境刑事合规制度的构建路径》,《广西警察学院学报》,2024 年第 1 期。

②　李玉华:《我国企业合规的刑事诉讼激励》,《比较法研究》,2020 年第 1 期。

③　刘艳红:《涉案企业合规建设的有效性标准研究:以刑事涉案企业合规的犯罪预防为视角》,《东方法学》,2022 年第 4 期。

案件超过 60%。①可以说,目前企业的合规建设主要依靠第三方监督评估机制进行具体操作与实施。然而,第三方监督评估机制在司法实践中大规模适用的同时,其实际运行效果究竟如何,有学者提出了质疑。在全国检察机关办理的近千件涉企业合规案件中,虽然最高检没有披露具体数据,但从公开报道的案例情况来看,涉案企业几乎都能通过合规考察,而极少出现合规考察认定为不合格的案例。随州某矿业公司非法占用农用地案作为考察不合格的典型案例引起最高检的高度关注,但是第三方监督评估组织作出考察结论的主要依据并不是合规计划建设不符合标准,而是涉案企业申请合规监管动机不纯、认罪不实,以及制度修复措施落实不到位。②我国第三方监督评估机制的法律依据目前多为宏观性抽象性的内容,缺少环境刑事合规领域的立法支持,有待生态环境主管部门出台相应规范。

其次,合规考察验收偏重于评估合规计划的有效设计而非实施效果,纸面合规问题仍然大量存在。按照第三方监督评估机制的要求,涉案企业应当提交专项或者多项合规计划,制定可行的合规管理规范,构建有效的合规组织体系,健全合规风险防范报告机制,第三方监管人对涉案企业合规计划的可行性、有效性与全面性进行审查,并在合规考察期内对合规计划履行和完成情况进行全面检查、评估和考核。当前,检察机关和第三方监管人对合规计划有效设计的审查较为成熟,但对合规计划运行效果的审查则缺乏行之有效的标准,实践中探索的文本审阅、抽样检查、座谈会议、针对性提问、调查问卷、飞行检查、穿行测试、想定作业等检查方法,只有在合规运行效果有效性标准的指引下,才能发挥"真检查""真评估"的理想效果。

---

① 徐日丹:《检察机关全面推开涉案企业合规改革试点》,《检察日报》,2022 年 4 月 6 日。

② 邱春艳:《企业合规改革,第三方监管如何落实——涉案企业合规第三方监督评估的实践与思考》,《检察日报》,2021 年 12 月 17 日。

3.刑事合规的机制体系有待完善

缺乏衔接机制。案件办结后与行政执法机关监管工作存在衔接问题。一方面,经合规监督考察评估合格的企业被不起诉后,就已在检察环节终结诉讼,诉讼的终结并不等于企业合规建设的终结,对企业合规建设的持续性如何制约,目前,仍缺乏有效的后续制约机制,与社会信用体系建设、现代企业制度、行政监管措施的有序衔接亟待进一步加强。另一方面,从保护进行合规建设的企业权益角度出发,如深圳市人民检察院检察官提出的"走私犯罪案件中,海关机关对检察机关作出不起诉的决定之后,海关机关仍然会对企业施加大额罚款,严重影响企业合规积极性问题",检察机关亟须加强和海关等行政机关的沟通,避免出现不合理的行政处罚。①

缺乏体系性规则。受立法供给不足所限,既有的关于企业环境刑事合规的制度内容较为粗疏与散乱,未能形成一套制度规则。一般认为,企业环境刑事合规的内容应当涵摄企业主体和司法主体两个层面。在企业主体层面,自主构建和运行的环境刑事合规制度包括环境犯罪风险识别、行为准则制定与合规组织的构建,环境刑事合规标准的传达与促进,内部调查、制裁与合规计划的改进等内容。在司法主体层面,包括与环境犯罪起诉及量刑相关的激励约束机制、审查监督程序等内容。很明显在这两个方面,我国的制度规则明显缺失,亟待构建。

缺乏联动机制。企业层面有限的与环境刑事合规相关的内控制度内容和检察机关通过改革试点形成的初步制度做法,存在相对孤立和碎片化问题,未能与公司治理、环境行政管理和法院案件裁判等实现有效衔接,形成

---

① 朱伟悦:《企业环境犯罪治理合规建设研究——以生态环境保护检察实践为视角》,《犯罪研究》,2022年第2期。

综合协调的合规体系。①比如,检察机关在将企业合规机制纳入公诉制度时,经常面临"孤军奋战",无法获得行政监管部门的支持和配合。对于部分涉案企业而言,假如行政部门在执法程序中作出了过于严厉的行政处罚,如取消特许经营资格、取消上市资格、吊销营业执照等,在案件进入刑事诉讼程序后,检察机关就不可能吸引企业选择合规监管程序了,所谓的"合规不起诉"也就无法实施。②类似的情况不在少数,如不能通盘把握,体系化不足的问题可能会更加凸显。

三、进一步完善我国涉环境污染犯罪企业刑事合规制度的对策建议

(一)完善环境刑事合规的实体法依据

在立法依据上,应在不同效力位阶的法律规范中,围绕着企业环境刑事合规制度进行适当的修改和突破。一方面,在刑法、刑事诉讼法以及公司法、环境保护法等综合性法律规范中,加入企业建立合规制度的激励制度。在刑法、刑事诉讼法和相关行政法规、规章中,在量刑、追诉和行政处罚上给予相应优惠。另一方面,应当制定企业环境刑事合规的专门性规范,可以采取规章或规范性文件的形式,对企业环境刑事合规给予细化规定。③可以考虑出台相应的环境罪合规司法解释,或者由"两高"会同生态环境有关部委出台环境专项合规的指导意见,在效力层面解决其合法性不足的问题。

---

① 李传轩:《绿色治理视角下企业环境刑事合规制度的构建》,《法学》,2022 年第 3 期。
② 陈瑞华:《刑事诉讼的合规激励模式》,《中国法学》,2020 年第 6 期。
③ 吕帅:《企业合规制度运用之环境污染问题的意义及启示》,《现代企业》,2023 年第 5 期。

(二)确立有效的环境刑事合规标准

目前,涉案企业合规监督考察已经形成两种模式,一种是检察机关自行监管模式,一般采取检察建议的方式启动合规考察,并由检察机关督促涉案企业合规整改。另一种是超过60%的企业合规案件适用的第三方监督评估模式,检察机关将案件移交第三方监督评估管理委员会,由后者遴选第三方组织对涉案企业合规整改情况进行监督、考察、评估、验收,第三方组织的评估结论成为检察机关作出不起诉等处理决定的重要依据。无论采取何种考察模式,检察机关均需要发挥主导作用、承担主导责任,[1]对涉案企业的合规整改情况进行实质审查。即便是在第三方监督评估模式中,检察机关也会召开公开听证会,听取侦查机关、涉案企业及其辩护人、第三方组织,以及人大代表、政协委员、人民监督员等与会代表对合规整改和案件处理的意见。因此,在涉案企业合规整改、合规监管人监督评估、检察机关审查验收等涉案企业合规改革的各大关键环节,都需要确立涉案企业合规有效性标准,这已成为检察机关将企业合规改革向纵深推进亟待攻克的首要理论难题。

1.合规要素具有可行性

国际环境合规和执法网络 (International Environmental Compliance and Enforcement Network)出台的《环境合规与执法原则手册》第 5.3 条阐明,任何行为要求都应当兼顾"技术上、经济上和管理上的可行性"[2]。严格的行为要求确实有助于提升公司的环境合规表现, 但过于严格的要求只会导致员工要么彻底不开展业务,要么彻底放弃对要求的遵守,对最终的合规结果只会有害无益。合规建设的可行性一般需要结合涉案企业的规模、性质、经营活

---

① 董坤:《论企业合规检察主导的中国路径》,《政法论坛》,2022 年第 1 期。

② IECEN, Principles of Environmental Compliance and Enforcement Handbook,April 2009.

动及经济实力等判定。

环保企业所有制类型多样、规模大小不同以及涉嫌环境资源罪名多样。应当结合企业的具体情况,分层次、分类别、分阶段制定企业合规有效性评估的指导方针。涉案企业应当抽象出恢复被侵犯生态法益的"基础性合规要素,发挥合规管理制度平台的作用",提出行之有效的涉案企业自身、具体罪名的合规要素。首先,针对不同经营类别的企业,司法机关可以联合行业组织,对行业内合规有效性标准进行顶层设计,并通过定期召开行业交流会、发布企业合规指导案例的方式,及时更新、沟通相关信息,打破信息壁垒。环保企业也应根据自身情况,针对特定的合规风险建立专门性合规管理体系,并确立专门性的预防体系、识别体系和应对机制。其次,对不同经营规模的企业,可以在要求其具备企业合规基本要素的基础上,对其有效性评估进行适当的区别对待。对于境内经营的中小微企业,可以在现阶段尽可能放宽有效性的要求,对其司法处遇也应尽量以"帮扶为主、处罚为辅",待未来合规文化普及和成熟之后,进一步提升合规的有效性要求。[①]而对于大型企业,尤其包含境外业务的企业,对其合规有效性的要求应当相应提高,以避免合规机制的缺失而导致经营风险的提高。最后,对于合规有效性的评估,应当坚持"动态性"和"实质性"原则,重点关注企业合规计划在实践中的贯彻落实,防止合规计划成为企业"装点门面"式的工作。

2.合规要素体现针对性

与日常性合规体系建设不同的是,合规整改是一种"有针对性"的合规制度重建活动。[②]涉案企业的有效制度修复因为其个性化特征,而使涉案企业、合规监管人、检察机关在制度实践中难以把握。我国企业合规改革初期

---

① 李玉华:《有效刑事合规的基本标准》,《中国刑事法杂志》,2021年第1期。

② 陈瑞华:《企业有效合规整改的基本思路》,《政法论坛》,2022年第1期。

的试点机关鲜少关注这一问题,但随着改革的逐步深入,到最高检发布第一批企业合规改革试点典型案例时, 有效制度修复已经成为合规整改有效性的基本标准之一。这里的制度修复具有"针对制度漏洞打补丁的性质"。涉案企业提出合规申请被批准后,针对涉嫌罪名及时发现企业存在的制度和管理漏洞,采取修复措施恢复被破坏的生态环境,减少对生态法益的损害,实现特殊预防的目的。由此可见,企业要展开有效的合规整改,应将制度纠错和修复作为制度重建的第一步。惟有如此,才能有效地消除犯罪发生的制度原因,为引入体系化的合规管理机制奠定制度基础。以"张家港市 L 公司、张某甲等人污染环境案"为例。

江苏省张家港市 L 化机有限公司(L 公司)是一家从事不锈钢产品研发和生产的省级高科技民营企业,2018 年下半年,该公司在未取得生态环境部门环境评价的情况下建设酸洗池,并于 2019 年 2 月私设暗管,将含有镍、铬等重金属的酸洗废水排放至生活污水管,造成严重环境污染。2020 年 8 月,张家港市公安局以 L 公司和张某等人涉嫌污染环境罪向检察机关移送审查起诉,张家港市检察院进行办案影响评估并听取 L 公司合规意愿后,指导该公司开展合规建设,在听取行政机关意见并审查企业书面承诺的基础上,检察机关作出了合规考察决定。涉案企业在律师帮助下,经过内部调查,认为企业主要存在两个方面的问题和隐患:一是公司管理层合规意识不强,专注于生产、销售等环节的经营管理,忽视了废料环保处置等工作,缺乏刑事风险防控意识;二是公司在废水处置方面存在漏洞,对废水的处置未遵守相关法律法规。针对公司在环保管理方面存在的制度漏洞,涉案企业在收到环保监管部门的处置决定后,公司立即对酸洗装置进行了封存,对原来酸洗处置的厂区进行了整改,对排污管道进行了环保清理,并将酸洗工作外包给有环保处理资质的公司;针对公司可能在生产经营中产生的废物、废水、废料等物质进行梳理,根据查找到的风险防控点,制定了《污染防治工作责任制》《职业病防治手册》,界定了环保处置隐患、管理职责和防治措施。①此外,涉案企业还采取了其他多项合规整改措施。涉案企业不仅建立起合规内控体系,还针对污染物处理制度漏洞修复了生产经营管理体系,改变了野蛮粗放的发展运营模式。这一案例曾被最高人民检察院列为企业监管考察第一起成功案例。

有针对性的合规要素具体包含哪些内容,目前还未形成较为系统的研究成果。根据既往较为成熟的合规整改案例,可以提炼出若干项有针对性的合规要素。一是对公司治理结构的改造;二是撤销或改造存在隐患的业务、产品、经营方式、商业模式;三是对企业经营管理模式的改造;四是对财务管理机制的改造;五是改变对员工、第三方和被并购企业放任自流的管理模式;六是打破企业封闭和集权的管理模式,引入外部独立的专业机构。

(三)建立多元共治的环境刑事合规机制

1.建立企业内部管理机制

企业的刑事合规管理机制一般包括合规管理制度、合规组织架构、运行与保障机制以及合规文化四个部分。②首先是设立对整个生产经营活动进行环境犯罪风险的排查、识别和评估制度;在此基础上,加强对重点环节(如污染物排放环节)、重点岗位人员(如负责污染物排放的岗位人员)的关注。其次是建立决策和管理层面的控制机制,明确强调企业决策者(如董事会及董事)、管理者(如各高级管理人员)的环境刑事合规义务,强化其在这方面的意识和理念,要求其作出相应的合规承诺。可由具有专业知识的独立董事或

---

① 参见最高人民检察院:《企业合规改革试点典型案例》,《检察日报》,2021 年 6 月 4 日。
② 谢向英:《企业刑事合规实务》,法律出版社,2022 年,第 142~148 页。

外部董事和执行董事共同组成环境合规委员会，安排组织专职人员进行环境刑事合规管理。在专业、专职队伍的建设上，还应当充分利用专业培训等方式。必要时可以适当引入相关的支持力量。如律师事务所、环境影响评价机构等。在企业内部采取环境犯罪行为的内部举报、奖励与制裁制度，要建立接受内部举报环境犯罪行为的渠道，并及时做出回应。同时，鼓励企业把自己发现的犯罪行为上报给司法机关，并从起诉和量刑方面予以激励。最后建立环境刑事危机应对机制。企业被司法机关调查、建议实施刑事合规，意味着其实施的行为已经涉嫌环境刑事违法。企业应当采取相应的针对性措施，停止实施涉罪行为并加以纠正。造成环境污染、生态破坏后果的，应当积极采取有效的补救与修复措施。"如果提出没有针对性的综合合规计划，则其推出的注定是无效的合规整改方案。"①此外，涉事企业应当加强与行政机关的日常沟通，主动邀请行政机关对企业环境行政许可事项、经营管理实施监控。

2.完善司法激励机制

目前我国检察机关刑事合规试点主要是通过审查涉案企业是否符合相关条件来决定刑事合规的适用，如果符合条件要求也同意或承诺按照要求开展刑事合规，那么可以享有相应的从轻起诉、暂缓起诉或放弃起诉等从轻从宽的激励待遇。作为对价，企业需要按照检察机关的要求制订和实施刑事合规计划，并通过相应的审查、评估和验收。这是一种事后的救济措施，即违法犯罪实际发生后才开展的刑事合规计划。但从绿色治理的角度看，一个完整的企业环境刑事合规制度还应当包括对涉案企业事前有无建立环境刑事合规制度及其实际运行情况作出审查评估，再决定能否适用相关激励待遇，

---

① 陈瑞华:《企业合规出罪的三种模式》,《比较法研究》,2021 年第 3 期。

以及后续如何改进和完善环境刑事合规等制度内容。

当企业因为环境犯罪问题被移送起诉时，检察机关应当对企业是否存在环境刑事合规制度进行审查，如果有，那么需进一步了解制度内容、实施运行及作用发挥情况，在此基础上作出是否适用及适用何种激励措施的决定。根据刑法和刑事诉讼法的相关规定，激励措施可以包括不起诉、暂缓起诉和从轻从宽起诉等形式。对于事前没有建立实施环境刑事合规制度的涉案企业，检察机关可对犯罪行为及危害后果、企业经营情况、生态环境部门的意见建议、对社会经济的影响以及企业开展环境刑事合规的承诺等因素进行综合考察，以企业事后构建实施环境刑事合规制度为附加条件来决定是否以及如何适用起诉激励措施。同样地，激励措施也可以包括不起诉、暂缓起诉和从轻从宽起诉等形式。

3.完善刑行衔接机制。

不管是行政、民事还是刑事处罚，其目的是殊途同归的，即对破坏生态环境资源保护的行为予以规制，惩罚违法者，警示潜在违法者。"对于一个潜在的违法者来说，预期的惩罚成本就相当于惩罚严厉程度与惩罚概率的乘积；因而，强化威慑力度包含两方面的努力：一是提高惩罚的严厉性；二是提高惩罚的概率。"①提高惩罚的严厉性，可以通过加重处罚力度，限制缓刑、假释、减轻处罚适用实现；提高惩罚的概率，则可以通过加强监管监测、畅通举报渠道等增加违法行为被发现的概率，建构行政、民事、刑事紧密衔接的"阶梯式"的处罚机制，不留监管空白。《环境保护法》等多部法律均规定，构成犯罪的，应当依法追究刑事责任。2021年修订的《行政处罚法》第27条规定，违法行为涉嫌犯罪的，行政机关应当及时将案件移送司法机关，依法追究刑事

---

① ［美］罗伯特·考特、托马斯·尤伦：《法和经济学》，施少华等译，上海财经大学出版社，2002年，第386~387页。

责任。对依法不需要追究刑事责任或者免予刑事处罚,但应当给予行政处罚的,司法机关应当及时将案件移送有关行政机关。并进一步规定,行政处罚实施机关与司法机关之间应当加强协调配合,建立健全案件移送制度,加强证据材料移交、接收衔接,完善案件处理信息通报机制。《行政处罚法》(2021年修订)第 82 条还规定了行政机关应当移送而不移送的相应法律责任。①当环境污染犯罪达到刑事标准边界时,先不要急于"入罪入刑",首先选择适用行政惩罚,如果行政处罚能达到生态恢复和教育惩罚后果,就没必要再动用刑罚。当然,确实在刑事标准边界以上的,必须依法适用刑事处罚。而一旦启动刑事诉讼程序,则应区分情况处理:对于相关行政主管部门已经与义务进行"磋商"达成协议,要求违法行为人、企业履行"补植复绿""增殖放流"等生态修复辅助措施责任相关决定的,或者违法行为人、企业主动要求履行生态修复责任的,检察机关根据案件及主体实际情况,采取"二元化范式合规"或"一元化简式合规"处理模式;对于之前阶段并未涉及生态恢复责任处罚的,检察机关根据相关规定,向有关行政机关提出检察建议,告知违法行为人、企业履行生态恢复责任可作为酌定从轻量刑的依据, 提起刑事附带民事诉讼时提出具体要求被告人、企业履行何种生态恢复责任。除了办案前、中期的紧密衔接联系,经合规监督考察评估合格的企业被不起诉后,由于已在检察环节终结诉讼,对企业合规建设的持续性缺乏有效的后续制约机制,与社会信用体系建设、现代企业制度、行政监管措施的有序衔接问题,仍然需要在今后的试点改革过程中,进一步加强探索,未来可期的是,合理的行政处罚应为企业刑事合规的激励手段之一。②

---

　　① 吴荣良、万美、黄启荣:《环境法律实务——争议解决与合规发展》,法律出版社,2022 年,第 19~20 页。

　　② 朱伟悦:《企业环境犯罪治理合规建设研究——以生态环境保护检察实践为视角》,《犯罪研究》,2022 年第 2 期。

主要参考文献

一、著作

1.蔡守秋:《生态文明建设的法律和制度》,中国法制出版社,2017年。

2.陈亮:《环境公益诉讼研究》,法律出版社,2015年。

3.陈瑞华:《企业合规基本理论》(第三版),法律出版社,2022年。

4.陈新民:《德国公法学基础理论》,法律出版社,2010年。

5.戴胜利:《跨区域生态环境协同治理》,武汉大学出版社,2018年。

6.冯军、敦宁:《环境犯罪刑事治理机制》,法律出版社,2018年。

7.焦艳鹏:《刑法生态法益论》,中国政法大学出版社,2012年。

8.李本灿:《刑事合规的基础理论》,北京大学出版社,2022年。

9.廖华:《从环境法整体思维看环境利益的刑法保护》,中国社会科学出版社,2010年。

10.刘斌斌、李清宇:《环境犯罪基本问题研究》,中国社会科学出版社,2012年。

11.刘泽鑫:《污染环境罪——客观构成要件要素研究》,中国政法大学出版社,2019年。

12.吕忠梅:《超越与保守 可持续发展视野下的环境法创新》,法律出版社,2003年。

13.吕忠梅:《环境法原理》,复旦大学出版社,2007年。

14.吕忠梅:《生态文明法律制度研究》,湖北人民出版社,2014年。

15.宋浩波:《犯罪经济学》,中国人民公安大学出版社,2002年。

16.陶蕾:《论生态制度文明建设的路径——以近40年中国环境法治发展的回顾与反思为基点》,南京大学出版社,2014年。

17.汪劲:《环境法治的中国路径 反思与探索》,中国环境科学出版社,2011年。

18.吴荣良,万美,黄启荣:《环境法律实务——争议解决与合规发展》,法律出版社,2022年。

19.吴志功:《京津冀雾霾治理一体化研究》,科学出版社,2015年。

20.谢伟:《环境公益诉权研究》,中国政法大学出版社,2016年。

21.谢向英:《企业刑事合规实务》,法律出版社,2022年。

22.徐祥民、陶卫东:《生态文明建设与环境公益诉讼》,知识产权出版社,2011年。

23.颜运秋:《中国特色生态环境公益诉讼理论和制度研究》,中国政法大学出版社,2019年。

24.于法稳:《中国生态环保督察:实践与对策》,中国社会科学出版社,2022年。

25.张伟:《京津冀区域环境保护战略研究》,中国环境出版社,2017年。

26.周光权:《刑法各论》,中国人民大学出版社,2016年。

二、期刊

1.曹治国、沈墨海等:《冬季若干典型城市大气污染模式及跨区域传输》,《环境科学与技术》,2016 年第 S1 期。

2.陈海嵩:《环保督察制度法治化:定位、困境及其出路》,《法学评论》,2017 年第 3 期。

3.陈海嵩:《我国环境监管转型的制度逻辑——以环境法实施为中心的考察》,《法商研究》,2019 年第 5 期。

4.陈海嵩:《中国环境法治的体制性障碍及治理路径——基于中央环保督察的分析》,《法律科学(西北政法大学学报)》,2019 年第 4 期。

5.陈瑞华:《企业合规出罪的三种模式》,《比较法研究》,2021 年第 3 期。

6.陈瑞华:《企业有效合规整改的基本思路》,《政法论坛》,2022 年第 1 期。

7.陈瑞华:《刑事诉讼的合规激励模式》,《中国法学》,2020 年第 6 期。

8.陈雪萍:《从信托的角度谈检察机关提起民事诉讼的正当性基础》,《法学杂志》,2005 年第 4 期。

9.董邦俊:《环境法与环境刑法衔接问题思考》,《法学论坛》,2014 年第 2 期。

10.董坤:《论企业合规检察主导的中国路径》,《政法论坛》,2022 年第 1 期。

11.樊崇义、白秀峰:《关于检察机关提起公益诉讼的几点思考》,《法学杂志》,2017 年第 5 期。

12.郭雪慧、李秋成:《京津冀环境协同治理的法治路径与对策》,《河北法学》,2019 年第 10 期。

13.何勤华、蒋羽:《中国共产党领导下的中国生态法治之路考略》,《荆楚法学》,2022 年第 3 期。

14.洪浩、寿媛君:《我国公益诉讼制度构建的困境与出路——以新世纪以降相关文献梳理为视角》,《山东社会科学》,2017 年第 3 期。

15.侯艳芳:《环境法益刑事保护的提前化研究》,《政治与法律》,2019 年第 3 期。

16.侯艳芳:《我国环境刑法中严格责任适用新论》,《法学论坛》,2015 年第 5 期。

17.江必新:《中国环境公益诉讼的实践发展及制度完善》,《法律适用》,2019 年第 1 期。

18.姜文秀:《污染环境罪的主观心态》,《国家检察官学院学报》,2016 年第 2 期。

19.李传轩:《绿色治理视角下企业环境刑事合规制度的构建》,《法学》,2022 年第 3 期。

20.李丹:《从环保督察问题反思环境法治中的利益配置》,《政治与法律》,2018 年第 10 期。

21.李国平、张文彬:《地方政府环境规制及其波动机理研究——基于最优契约设计视角》,《中国人口·资源与环境》,2014 年第 10 期。

22.李晓瑜:《构建完善的生态文明法治保障体系》,《中共郑州市委党校学报》,2021 年第 1 期。

23.李玉华:《有效刑事合规的基本标准》,《中国刑事法杂志》,2021 年第 1 期。

24.刘超:《环境行政公益诉讼诉前程序省思》,《法学》,2018 年第 1 期。

25.刘辉:《检察公益诉讼的目的与构造》,《法学论坛》,2019 年第 5 期。

26.刘奇、张金池等:《中央环境保护督察制度探析》,《环境保护》,2018年第 1 期。

27.刘艳红:《涉案企业合规建设的有效性标准研究:以刑事涉案企业合规的犯罪预防为视角》,《东方法学》,2022 年第 4 期。

28.吕忠梅:《环境法典编纂论纲》,《中国法学》,2023 年第 2 期。

29.吕忠梅:《环境法治建设十年回顾与环境法典编纂前瞻》,《北京航空航天大学学报(社会科学版)》,2023 年第 1 期。

30. 吕忠梅:《迈向中国环境法治建设新征程》,《地方立法研究》,2023 年第 1 期。

31.孟庆瑜:《京津冀污染物排放区域协同政策法律问题研究》,《法学论坛》,2016 年第 4 期。

32.孟庆瑜、梁枫:《京津冀生态环境协同治理的现实反思与制度完善》,《河北法学》,2018 年第 2 期。

33.孟庆瑜:《论京津冀环境治理的协同立法保障机制》,《政法论丛》,2016 年第 1 期。

34.戚建刚、余海洋:《论作为运动型治理机制之"中央环保督察制度"——兼与陈海嵩教授商榷》,《理论探讨》,2018 年第 2 期。

35.秦书生、王艳燕:《新中国成立以来我国环境法制建设的发展历程》,《岭南学刊》,2024 年第 1 期。

36.沈德咏、曹士兵:《国家治理视野下的中国司法权构建》,《中国社会科学》,2015 年第 3 期。

37.孙洪坤、陶伯进:《检察机关参与环境公益诉讼的双重观察——兼论〈民事诉讼法〉第 55 条之完善》,《东方法学》,2013 年第 5 期。

38.孙谦:《设置行政公诉的价值目标与制度构想》,《中国社会科学》,2011 年第 1 期。

39.汤维建:《论团体诉讼的制度理性》,《法学家》,2008 年第 5 期。

40.汤维建:《民事诉讼法的全面修改与检察监督》,《中国法学》,2011 年第 3 期。

41. 汪明亮:《污染环境犯罪生成模式与多元治理机制》,《南京社会科学》,2021 年第 3 期。

42.王勇:《环境犯罪立法:理念转换与趋势前瞻》,《当代法学》,2014 年第 3 期。

43.徐本鑫:《刑事司法中环境修复责任的多元化适用》,《北京理工大学学报(社会科学版)》,2019 年第 6 期。

44.许丹:《雾霾污染跨域防治中府际协作的困境与突破》,《社会科学研究》,2018 年第 5 期。

45.张明楷:《环境污染犯罪的争议问题》,《法学评论》,2018 年第 2 期。

46.张翔:《环境宪法的新发展及其规范阐释》,《法学家》,2018 年第 3 期。

47.张亚军:《京津冀大气污染联防联控的法律问题及对策》,《河北法学》,2017 年第 7 期。

48.张怡、徐石江:《我国环境公益诉讼的发展困境与对策分析》,《河北法学》,2010 年第 12 期。

49.张忠民:《检察机关试点环境公益诉讼的回溯与反思》,《甘肃政法学院学报》,2018 年第 6 期。

50.赵星:《论环境刑法的环境观》,《法学论坛》,2011 年第 5 期。

51.朱伟悦:《企业环境犯罪治理合规建设研究——以生态环境保护检察实践为视角》,《犯罪研究》,2022 年第 2 期。

后 记

　　生态环境保护是功在当代、利在千秋的伟大事业；生态环保督察既是一项业务工作，更是一项政治任务。2017年6月至2018年8月，我被天津市委组织部门抽调参与环保督察工作。环境保护督察的主要内容包括：结合中央环境保护督察反馈问题，着眼天津市某区环境突出问题和环境短板，督察整改方案中重点生态环境问题具体整改进展情况以及生态环境保护长效机制建立和推进情况；重点盯住督察整改不力，甚至表面整改、假装整改、敷衍整改和"一刀切"等生态环境保护领域的形式主义、官僚主义问题；重点检查列入督察整改方案的重大生态环境问题及其查处、整治情况；重点督办人民群众身边生态环境问题立行立改情况；重点督察地方落实生态环境保护党政同责、一岗双责、严肃责任追究情况等。两轮中央生态环境保护督察以问题为导向，以雷霆万钧之势形成环保风暴，推动解决了一大批突出生态环境问题，取得了"百姓点赞、中央肯定、地方支持、解决问题"的效果。

　　《中央生态环境保护督察工作规定》指出，中央生态环境保护督察首次在党内法规的规制下展开，就是要紧紧盯住各地、各部门对于生态文明建设和生态环境保护的政治担当问题。中央生态环境保护督察，不仅是对各地、各部门履行生态环保责任的工作体检,更是对各地、各部门贯彻落实党中央决策部署执行力、行动力的政治体检。中央生态环境保护督察,组织者是党中央、国务院,领导小组组长、副组长由党中央、国务院确定,督察对象既有国务院有关部门,还包括省、自治区、直辖市党委和政府及其有关部门和有关中央企业。压实生态环保责任,不光要求地方,还要检视国家部门。生态环境保护督察是我国改革开放以来环境治理中的创新,突出督察的政治属性,让督察更有权威,具有显著中国特色。特别是第二轮中央生态环境保护督察实行容错机制,严格禁止"一刀切",让督察可以更好地实现初衷。通过督察工作推进作风转变,鼓励干部担当作为、敢于探索、勇于创新,引导干部直面问题、研究问题、破解问题。

尽管实务界常常讲需要理论指导,但其实理论源于实践,特别是改革开放以来的改革创新实践,往往是先有实践,后有理论,甚至有时候实践已有很长时间,学者们的理论研究却未及时跟上。对于环保督察这个重要创新而言,其举措丰富,既包括督察进驻期间调查取证、群众来访、"边督边改"等,也包括整改期间任务安排、目标执行等,研究其所产生的效果,特别是效果何以形成的机制既能够让我们从理论上加深认识,也能为实践者改进工作提供启示。在亲历环保督察工作的一年中,作为一名生态环保督察战士,我不仅享受着解决生态环境问题带来的喜悦感、成就感,更体会到保护绿水青山的责任感、使命感;作为一名学者,我也有困惑与思考:有人将环保督察称为"环保钦差",运动式治理如何常规化? 环保督察全面实施后会产生什么样的影响? 针对表面整改和"假整改、真销号"等顽疾,如何依法追责问责? 生态环境保护与治理作为国家治理的重要内容,诸多理论和实践问题亟待研究。

2018年9月,我调入天津工业大学法学院。感谢天津工业大学人才引进基金的资助,使我能够带领研究生团队顺利开展课题研究工作,并与天津人民出版社签订研究成果的出版合同。本人和董菁(天津农学院讲师)完成书稿的序言和第一章的撰写。第二章由本人和沈蒙婷共同编写。第三章由朱子肖撰写。第四章由颜心茹撰写。第五章由孙帆和彭勃共同撰写。第六章由王明月撰写。此外,朱子肖协助本人进行了全书的统稿工作。2020年3月,本人将题为《置身环保督察的冷思考》的书稿交由天津人民出版社编辑出版。因新冠疫情等原因,书稿付梓一波三折。2024年初,本人经与责编沟通,更改书名为《中国环境法治研究》,而后本人对书稿各章节进行了修改完善。感谢本书的责任编辑郑玥、特约编辑郭雨莹以及装帧设计汤磊和插图设计邓怡菲。在大家的共同努力下,为读者呈现此部拙作。疏漏错误之处,恳请批评指正。

刘晓梅

2024 年 4 月于津门懿菲堂